# 危機行為的鑑定
# 與輔導手冊

## Functional Assessment and
## Program Development
## for Problem Behavior

### A Practical Handbook

Robert E. O'Neill
Robert H. Horner
Richard W. Albin
Jeffrey R. Sprague
Keith Storey
J. Stephen Newton　著

陳斐虹／譯
翁毓秀／校閱

# 主編序

在台灣社會工作專業的存在已有三十多年歷史,然而,近幾年來台灣社會快速發展與社會問題不斷增多下,社會工作才受到重視與需要。目前可說是台灣社會工作專業發展真正的契機。

一個專業要能夠培養真正可以勝任工作的專業人才,專業的地位與權威,才會受社會所認可(sanction)。因此,學校的教育人才、教學方法與教材,對社會工作在專業的發展上都具有關鍵性影響。我們在學校任教,對教學教材與參考書不足深感困擾。環顧國內社會工作界,社會工作各專業科目的專業書籍實在不多。因此,在一個偶然相聚的機會中,揚智文化葉總經理願意出版社工叢書,以配合當前社會及專業的需要。

從去年開始,在出版社的協助下,我們選購了國外一系列評價較高的社會工作書籍,由社工領域中學有專長且具實務經驗的社工菁英來翻譯,另由我們邀請國內各大學中教授社會工作專業科目之教師撰寫書籍。湊巧的,今年正逢社會工作師法的通過,我們希望規劃出版之各專書,有助於實務工作者證照考試,以及學校課程的教授與學習。最重要的,也期望藉著這些書籍的撰寫與翻譯,使專業教育不再受限於教材之不足,並能強化社會工作專業人員的能力,使我國本土的社會工作與社會福利服務實務能有最佳的發展。

最後我們要感謝許多社會工作界的同道，願意花時間和我們一起進行此一繁重的工作，並提供意見給我們，希望此一社工叢書能讓大家滿意。

曾華源、郭靜晃　謹識

# 原　序

　　本書會出第二版有很多原因。由於分析危機行為模式與發展支持計畫的基本概念與技術持續進步，促使我們想要將這些發展加入書中，此外，我們也修改了第一版書中部分的表格與方法，相信可以讓本書更有效也更有效率。另外，我們非常希望繼續提供教師、臨床工作者及家庭成員實用的策略，以有助於他們的日常工作。

　　本書主要著重於功能評鑑，而較少著墨於功能分析。功能評鑑是一個廣泛蒐集資料，藉此來瞭解危機行為並發展有效支持計畫的方法，而功能分析是進行實驗分析維持危機行為的過程。本書中的數個章節都詳細介紹這兩種方法的專業術語及策略。

　　為使讀者容易瞭解本書，我們刻意避免在文中提供繁冗的參考文獻，而在附錄A中列出與功能評鑑及分析有關的參考書籍。讀者如有興趣可以參閱這些資料。

　　通常，要照料嚴重危機行為者，對他們本身、工作人員及家人而言，都需面對某種程度的危險，在本書中我們盡力介紹適當又安全的原則，然而實際上無法絕對保證在問題情境中人員的安全。因此，我們必須在此聲明，要確保書中提及使用方法者的安全無虞，其責任在於執行者與負責督導者的身上（諸如老師、心理學家、父母與家庭成員、社區居民及專業人員與諮詢人員）。

美國政府、奧勒岡大學（University of Oregon）、猶他大學
（University of Utah）、夏曼大學（University of Chapman）、奧勒
岡州、猶他州、加州及本書的作者群及出版商均不負任何個人安
全之法律責任和義務。

## 感謝

我們要感謝許多老師、家庭成員、諮商師以及研究員，他們
曾經實際操作第一版手冊中所描述的策略，並提出對修訂本書有
益之正向回饋。尤其感謝Edward Carr、Glen Dunlap、Wayne
Sailor、Lynn Koegel、Robert Koegel、Daniel Baker、Jacki
Anderson諸位博士，在我們準備出版本書時提供寶貴的意見與回
饋。此外，也要感謝Patty Bennett和Wendy Weller在本書草擬階
段提供技術上的支援。並要獻上我們誠摯的謝意給有障礙的孩子
與朋友們，在設計與校訂本書時提供我們方向與意見。

*Robert E, O'Neill*

*Robert W. Horner*

*Richard W. Albin*

*Jeffrey R. Sprague*

*Keith Storey*

*J. Stephen Newton*

# 校閱序

　　首先感謝東海大學社工系曾華源教授邀請我校閱這本由 Robert E. O'Neill 等學者所寫的 *Functional Assessment and Program Development for Problem Behavior*。

　　在社會工作專業領域裡對於危機行為的瞭解十分缺乏。不但缺乏瞭解，而且缺乏具體的工具去瞭解。瞭解的不足當然無法發展出有效的處遇，改變危機行為。而這是一本非常實用的書，引導讀者運用由功能評鑑所獲得的資料，進而發展出對危機行為有幫助的行為支持計畫。本書能夠幫助學校的老師、輔導人員、學校心理學家、家人及機構裡的工作人員，有效地協助具危機行為的兒童與成人。這本實用手冊非常精簡，具體可行，並舉了許多實例，能幫助讀者從實例中輕易瞭解和學習。

　　翻譯不是件容易的事。感謝陳斐虹老師及友人細心的翻譯。在校閱的過程中，我幾乎逐字逐句的查證對照，左右推敲，試圖將文字修得更通順易讀。在時間的壓力下，恐有疏漏，尚祈不吝指正。

翁毓秀　謹識

於台中沙鹿靜宜大學

# 譯　序

　　在社會工作教學領域中，分析危機行為模式及發展支持計畫的討論書籍較少，當東海大學曾華源教授邀請我加入翻譯的工作時，我相當高興且感激地接下這份工作。

　　翻譯是一份相當艱難的過程，不僅需瞭解理論架構的整體性，同時需在文字的表現上呈現專業卻也平實的語句，期使對本書有興趣的讀者能輕易地領會其中的意義；本書雖然精簡，卻是一本具體可行的指引，不僅論述了方法的完整性，同時列舉許多實例，提供讀者相當清晰的學習方向。

　　感謝曾華源教授給予此次翻譯的機會，也同時感謝翁毓秀教授細心的校閱，揚智文化事業晏華璞小姐對於文稿的潤飾，使本書呈現流暢的內容，更是功不可沒。初次翻譯，在用字遣詞及語句用法上或有與其他學者相異及疏漏之處，望請各位前輩能不吝指正。

陳斐虹　謹識

謹將此書獻給行為有障礙的小孩和成人，

是他們教我們如何引導並使用功能評鑑的程序；

同時，也將此書獻給他們的家人、老師和社區工作人員，

因為他們使用了本書中工具的初稿，

幫助我們瞭解如何讓這些工具變得更實用及有效。

# 作者簡介

　　ROBERT E. O'NEILL 為猶他大學（University of Utah）特殊教育學系副教授，自一九七八年起參與和行為有障礙者有關的服務、研究、訓練及模式發展等工作。從加州大學聖塔芭芭拉分校（University of California at Santa Barbara）完成碩士及博士學位後，O'Neill 博士在奧勒崗大學（University of Oregon）擔任九年教職，其教學與研究的興趣在於行為有障礙者及學校、機構、社區中具嚴重危機行為者的支持策略。其工作重點在於功能評鑑、針對危機行為教導替代的溝通技巧，並有系統地與學校教師共同合作。他在不同國家、領域與國際性研討會發表超過三十篇的論文、書籍及文章。

　　ROBERT H. HORNER 為奧勒崗大學教育學系教授，同時擔任特殊訓練計畫主持人、特殊教育及社區資源學系主任等職。Horner 博士有二十年參與和行為有障礙者有關的直接服務、研究、訓練及模式發展等工作經驗，並指導大量聯邦的研究、教學及個別計畫，大部分的計畫是與嚴重障礙者的居住安置與職業安置有關的研究和發展。在過去六年，Horner 博士擔任復健研究與訓練中心之正向行為支持計畫的計畫主持人。這是一項由六所大學共同合作的計畫，一九七七年之後，他也非常活躍於老師和成人服務人員之職前訓練與在職訓練。

　　RICHARD W. ALBIN 是一位資深的研究員和副教授，任職於奧勒岡大學的特殊教育與社區資源系。過去十六年來，Albin

博士埋首於奧勒岡大學一項特殊訓練計畫，從事各種研究、訓練及模式發展，著重於提供支援給校園及社區中有輕微及嚴重智能障礙的人。Albin 博士著有或與他人合著有不少的研究報告及書籍，皆是有關於教導智能障礙者的教學技巧與步驟；並致力於發展工作人員的訓練系統及教材。他也偕同其他研究人員致力於提供訓練、有效的支援及技術協助給全國的訓練小組。

JEFFREY R. SPRAGUE 擁有超過二十年的教師、教師督導、顧問、研究員的豐富經驗，也是一位身心殘障人士特殊教育服務方法學者。Sprague 博士曾是奧勒岡高中的「中學學齡身心障礙兒童計畫」的模式教室老師，並被選為 Arc of Lane 郡和奧勒岡州年度最佳教師。他在支持實習教師、職業與安置機構中的直接服務人員及家庭成員上均有豐富的經驗。著有數本手冊及書籍，並擔任印地安那大學暨社區整合中心的指導者，領導由 OSEP 出資的全國改革系統計畫、全美重度殘障學校系統轉變計畫、同儕教育計畫 —— 此規劃給予高中生在課後活動中學習關於殘障的重要觀念。Sprague 博士也指導一項嚴重危機行為的多變數分析計畫，此計畫將焦點放在界定影響危機行為之複雜的前因變項。

Sprague 博士在特殊訓練計畫中擔任研究教授，並在奧勒岡大學的暴力與破壞行為研究所擔任指導教授，致力於研究、模式發展及此領域中的技術協助，推動當地、州及全美的訓練活動、研究發展與推廣。Sprague 博士是奧勒岡州及全美積極行為照顧領域的翹楚，也是中學教育與職能系統改革的推動者。

KEITH STOREY 目前為夏曼大學加州 Concord 分校教育系副教授，他任教於特殊教育班六年，接觸過各式各樣不同程度的障

礙學生。一九八九年他獲得奧勒岡大學的博士學位，於一九八八年榮獲身心障礙者協會頒發的愛麗絲海頓獎（Alice H. Hayden Award），並在一九九六年獲得夏曼大學的Hau-Cheng Wang會員資格，代表他在此領域中的卓越成就。

J. STEPHEN NEWTON 是奧勒岡大學特殊訓練計畫中Neighborhood Living計畫的協調整合者。一九七○年在北卡羅萊納大學修得心理學學士學位，並於一九八六年及一九九一年修得奧勒岡大學的特殊教育與發展障礙（special education/developmental disabilities）的碩士和博士學位。他的研究興趣在於幫助嚴重障礙者之安置服務與社會支持。

# 目　錄

# 圖　次

# 專欄目次

# 第一章
# 緒　論

# 手冊的目的

　　這本手冊提出危機行為功能評鑑的特殊表格與程序，同時也運用這些訊息來發展整體性的行為支持計畫。功能評鑑是一種一般性的實驗，用來描述一套界定在環境中有效預測及維持危機行為的過程。功能評鑑包括面談、評量表、直接觀察及對問題情境做系統性、實驗性的分析。這些實驗性的分析又稱為功能分析，是功能評鑑的一部分，即藉由操作環境中某些因素來觀察某一行為的改變。過去十年來，大部分努力的焦點均放在找出最簡單和最有效率的策略，來進行功能評鑑和分析，但近年來，焦點已轉移至使用功能評鑑程序和分析資料，來設計有效的行為支持策略。在這本手冊中將呈現這個過程及所帶來的結果。

　　這本手冊的目的在於提供邏輯、表格及範例，讓讀者：(1)在學校、工作或社區場所中進行功能評鑑；(2)發展出對危機行為有幫助的行為支持計畫。

　　我們準備這本手冊的原因，是因為我們相信這對具有嚴重危機行為的人來說是一個機會，可以體驗高品質的生活，就如同學校、工作或社區中的正常人一樣。而設計有效的支持計畫，則需要靠我們與他們協調合作的能力。只有在無法獲得適當的支持時，危機行為才會對社區生活形成阻礙。

　　這本手冊不但提供了功能評鑑及方案設計的基本取向，也提供了被證明在學校、工作場合及家庭都很有用的表格和程序，如果能夠適當地使用，這些資料和程序對我們社區中的個體會是很有效的行為支持。

由於行為支持領域正在改變，我們心存感謝地完成這本手冊。有關行為支持的重要發展，其認為有效的行為支持不僅在於幫助降低危機行為，同時應該改變個案（a person），讓個案有機會學習新的技巧、融入社會和參與當地社區，這是一個很重要的發展。當能夠正向的影響一個人的生活及降低因危機行為所帶來的危險，行為支持就是有效的。

行為支持的第二個主要改變在於強調整體性（comprehensive）的處遇，這些通常包括許多要素。整體性的處遇焦點不僅在適當的行為和危機行為的結果，同時將焦點放在重新設計可以預測危機行為的前因上，例如醫學問題、結構上的問題、課程問題，除此之外，整體性處遇的目標不僅只是在降低危機行為，同時也在教導個案新的技巧，讓危機行為出現得更少。

功能評鑑是瞭解導致個案危機行為的生理和環境因素的過程，其整體目標在於獲得可以改善行為處遇的有效性和效率的訊息，當我們行為處遇視野開拓的同時，也需要修正評鑑的程序，舉例來說，瞭解維持危機行為的結果是功能評鑑的重要部分。但是，如果從評鑑中所獲得的訊息是要用來幫助個案重新設計生活環境的物理脈絡（the physical context of a living setting）、學校課程及工作環境中的社會結構，評鑑亦必須提供造成危機行為出現時的物理和社會環境之詳細描述。

功能評鑑並不像醫療的診斷，從功能評鑑所獲得的訊息無法簡單地將危機行為與臨床上已存在的一套處遇來配對。功能評鑑是一個重新設計環境，讓溝通或行為上有困擾的個案「發揮功能」（work）的過程，它是一個很「密切」（intimate）的過程，需要有困擾的個案、最瞭解個案的人，和對行為分析的理論與過程有顯著能力的人共同合作。要結合這個團隊，可以運用功能評鑑所

獲得的訊息，計畫一個支持系統，融合醫學的、結構的、行為的和教育的變項，創造有利的環境。我們希望在這本手冊所介紹的過程，可以用在具有危機行為的個案之學校、家庭、社區和工作場所的設計上。

# 誰應該使用這本手冊？

這本手冊設計來幫助對危機行為的個案建構計畫或提供行為支持有責任的工作者，我們描述的這個程序和表格對老師（一般教育或特殊教育）、學校諮商員、學校心理學家、在工作場所或安置機構中的成人的支持人員，和參與支持家中某一成員的其他家庭成員們都是很有用的。我們尤其希望提供一個工具，來幫助服務具有嚴重且複雜的危機行為的個案的專業人士和其他工作人員。這些行為通常對簡單的支持策略毫無反應，需要更多平時的觀察去瞭解，這本手冊中的工具在協助這些個案界定有效策略上應該是很有幫助的。

危機行為可以有許多形式，像是自我傷害的撞擊和咬傷、暴力和攻擊、破壞財物和其他嚴重的使性子的行為（像是亂喊叫或鬧情緒），個案存在的這些危機行為可能以不同的方式被貼上標籤——發展性障礙、自閉、智能不足、心理疾病、情緒或行為的異常（EBD）、嚴重情緒困擾（SED）、嚴重的腦傷——或是也可能沒有獲得任何正式的診斷名稱，這些個案可能在他們所需要的支持、溝通能力及參與自己的行為支持方面有很大的不同，在這本手冊中所描述的功能評鑑的程序和表格，可以運用在學校、工作、安置機構和其他社區情境中各式各樣被歸類為有危機行為及

被貼上標籤的個案行為支持的需要上。

　　我們鼓勵你能修正及採用這本手冊中的工具。依你的專業角色或你所遇見的特殊情境或環境，你可能會發現我們提供的表格或程序中，只有少數的變項對你是有用的，我們儘量讓所設計的表格和程序保持彈性，你可以選擇對你有利的情況，在某種程度上複製、改變或修正這些表格。

　　這本手冊設計來當作功能評鑑和方案發展過程的指引，而沒有針對廣泛的行為支持策略呈現整體的訊息。這些工具對於具經驗者較有助益，但對在這個領域剛剛起步的人，則沒有詳細地描述他們的需求。我們假設使用這本手冊的人，在應用行為分析的理論和策略上已經有基礎的訓練和經驗。若欲對有關應用行為分析的理論、研究基礎及處遇過程做更深入的討論，請參考列在附錄A的參考文獻。

# 功能評鑑

　　危機行為常常是困惑和挫折的來源。一個有危機行為的人可能感到行為的困難和痛苦；而家庭、老師、支持人員和提倡者在試圖改變這類行為模式的挑戰時，常常會感到困惑和苦惱。在許多的情境下，危機行為不僅僅是危險的，也可能同時是讓人難以理解的。這類的行為模式並不符合我們認為常人所該表現的方式，也讓因危機行為陷入痛苦困境的人無法理解。一個好的功能評鑑的目標之一，就是要澄清及瞭解這種渾沌和混亂的情況。我們很少藉由把焦點放在診斷的類別（像是自閉症、智能不足、唐氏症）或是危機行為（像是撞擊、踢、叫喊）的簡單解析圖或表

格而達到功能評鑑的目標。透過系統性評鑑、瞭解危機行為發生（或沒有發生）的要項，和維持這些行為的結果，才能瞭解前後的因果關係。

# 什麼是功能評鑑？

功能評鑑是蒐集訊息的一個過程，它可以讓行為支持達到最大的有效性和效率，當五個主要的結果達成時，功能評鑑也就完成了，如**專欄**1.1 所示。

進行功能評鑑的過程，可以利用許多表格，這些表格分別擁

---

### 專欄1.1　功能評鑑過程的五個主要結果

1. 對危機行為清楚地描述，包括時常一起發生的行為類別或順序。
2. 確認在每天的行事曆中，能夠預測危機行為會或不會發生的事件、時間和情境。
3. 確認維持危機行為的結果（也就是說，行為為個案帶來什麼樣的作用）。
4. 針對描述的特定行為、行為發生情境的特定類型，及在此情境中維持這些行為的結果或增強物，發展一個或多個摘要陳述或假設。
5. 蒐集直接觀察的資料，支持已經發展出來的摘要陳述。

---

有不同程度的精確度。任何一個曾經使用 A-B-C（Antecedent-Behavior-Consequence）圖表的人已經運用了一個功能評鑑表格，在不同情境下觀察個案令人討厭的行為，並推斷「她做這件事是因為……」或「他這麼做是為了……」，對於影響行為的相關變項已經發展了一種摘要陳述。在我們的經驗裡，當評鑑的訊息有信心的預測危機行為最容易在哪一種情形會發生或不會發生，而且對於維持危機行為的結果能有共識時，功能評鑑在行為支持的設計上是很有用的。近來，有一些研究者和經驗豐富的臨床師已經開始宣稱，在功能評鑑的程序中，評鑑的深度與危機行為的複雜度是相配合的。也就是說，如果一個不那麼嚴謹而且很容易就可以完成的評鑑過程，就能對預測和維持危機行為的事件產生可信的描述，那麼就沒有必要使用更嚴謹和精確的過程；然而，如果像面談這樣的過程無法產生清楚和令人滿意的模式，就必須使用較嚴謹和精確的觀察和操作。在這本手冊中所描述的過程和工具，對引導整體的功能評鑑提供了一系列有效的策略，事實上，就整體而言，在這裡所呈現的過程與臨床或實務工作者（行為專家、老師、方案管理者）常用的典型支持計畫的設計相較，是比較容易理解的，然而，評鑑的方法和選擇的範圍，包括了對個案的需求、持續和複雜行為出現的情境或行為群等均已經被界定。

## 功能評鑑的三種取向

　　蒐集功能評鑑訊息的特定方法，可歸納為三種一般性的策略：資料提供者的方法、直接觀察和功能分析（見**專欄1.2**）。

策略1：資料提供者的方法。與個案和／或那些最瞭解個
　　　　案的人談話。

策略2：直接觀察。以一段長的時間，在自然的情境下觀
　　　　察個案。

策略3：功能分析操作。在類似或自然的情況下，系統性
　　　　地操作潛在的控制變項（結果或結構的變項）和
　　　　觀察對個案行為產生的影響。

## 資料提供者的方法

　　進行功能評鑑的第一個策略是與具有危機行為的個案（如果
可能）以及那些直接與個案接觸並最瞭解個案的人談話。你可能
會有機會獲得有關危機行為發生的訊息或從相關的人身上（父
母、老師）獲得訊息。面談（甚至是自我面談）和其他訊息提供
者的方法（問卷、評量表），在界定和縮小可能影響關切行為的
變項範圍是很有用的，同時，面談也能夠把與個案的行為模式有
關的訊息連結起來。

　　任何面談過程的主要目標是要確定在環境中的許多事件，哪
一些事件與個案的特定危機行為是連結在一起的。當你進行面談
時，考慮個案每天例行性的表現，如果你將焦點放在一個小孩在
學校的表現，什麼是教室每天例行性的事？學生如何進入教室？

早上的活動是什麼？在轉換的時候發生了什麼事？小孩如何從一個教室移動到另一個教室？在下課與午餐時發生了什麼事？在我們建立的例行公事的脈絡下考慮危機行為，利用面談的問題去瞭解個案，在他例行性的事務中，什麼是表現特別顯著的？在這些特徵中，什麼改變與危機行為的增加或減少有關聯？在同樣的環境中、有著相同診斷及同樣危機行為型態的兩個個案，可能有極端不同的特徵。面談的一個目標，是要瞭解在環境和例行性事務中許多的前因事件和結果特徵，哪一個與危機行為是有關聯的。

請記住，往往好的功能評鑑中很重要的一部分，就是將危機行為放在脈絡中。往往，我們談論和操作行為就好像是個案「有」問題，但行為分析已經告訴我們，行為必須發生在脈絡中時才去談論它，而不是談論個案本身。Fredda 並不是一個喜歡咬人的人，但當她不喜歡的食物出現時，Fredda 會咬自己的手腕，直到她討厭的食物移開。如果考慮到行為是發生在個案身上，我們嘗試去改變個案是合乎邏輯的，如果我們考慮危機行為是在脈絡中發生的，改變脈絡是合乎邏輯的。藉由改變環境促使行為改變，而非試圖改變個案。功能評鑑是瞭解與危機行為有關的脈絡（前因和結果）的一個過程，面談是一種有價值的工具，用來確認對個案危機行為是重要或相關脈絡的特徵。

在文獻中可以發現許多功能評鑑面談和問卷的例子，然而，在大多數的案例裡，他們共同強調獲得下列訊息：

1. 引起關切的危機行為為何？
2. 在危機行為發生之前，有什麼明顯的事件或生理情況發生，可以增加危機行為是否發生的預測性？
3. 在危機行為剛好發生之前，有什麼事件或情況發生，可以

有效地預測危機行為將會發生？及什麼事件可以有效地預
測危機行為不會發生？

4. 當危機行為發生的特定情境裡，什麼樣的結果可能維持危
機行為的出現？

5. 哪些適當的行為（如果存在）能夠產生與維持危機行為相
同的結果？

6. 我們可以從先前的行為支持策略中學到什麼？哪些是無效
的？哪些是有少許效果的或效果只持續一段時間的？

## 直接觀察

蒐集功能評鑑訊息的第二個策略是在典型的每天例行事務
中，系統性地觀察具有危機行為的個案。長久以來，有系統的直
接觀察是行為程序應用的基礎，在一九六〇年代，Sidney Bijou
博士和他的同事首先使用這種方法來獲得評鑑的訊息。直接觀察
通常由老師、直接支持人員，和／或已經和個案一起工作或居住
的家庭成員來做，觀察必須在不干擾正常作息或需要額外訓練的
情況下進行，在大部分的案例裡，觀察員記錄危機行為何時發
生，在危機行為發生之前與之後發生了什麼事？及在他們的認知
裡，行為的功能是什麼？當已經蒐集到十至十五個危機行為的例
證時，觀察者有機會發現是否有行為模式存在，將能夠有助於決
定下列的問題：

1. 哪些危機行為同時發生？

2. 在何時、何處、和誰在一起時，危機行為最容易發生？

3. 哪些結果可能維繫了危機行為的出現？

在第二章，我們列出一個功能評鑑觀察表（Functional Assessment Observation Form），我們發現這個表格在確認和建構從非直接方法獲取的訊息，非常實用、有效率和有效。

## 功能分析

蒐集功能評鑑訊息的第三種策略是以與危機行為有或沒有關聯的特定變項進行系統性的操作。在進行功能分析時，需要一面操作環境，一面有系統地監控行為。經常使用的功能分析方法，包括了結果變項的操控，其取決於目標行為是否發生；另一個方法是操控結構變項，如工作難度、工作長度、活動中給予注意的程度，或在活動中選擇出現或缺席。功能分析相當於環境變項和危機行為發生與否兩者之間關係的一個正式檢驗（test）。功能分析是進行功能評鑑最精確、嚴謹和可控制的方法，是唯一允許在環境事件和危機行為之間的功能關係有清楚論證的一個取向。Brian Iwata 和他的同事開拓了功能分析一個很有效的方法，這個方法已經由F. C. Mace、David Wacker、Timothy Vollmer 和其他人引用，功能分析在時間和能量上花費很高，但在有些案例裡，它可能是適當評鑑危機行為的唯一方法。由於功能分析包括創造誘發危機行為的情境，和需要使過程成立的技巧，因此，在進行功能分析時，若沒有用直接參與過行為分析研究的訓練人員是很不智的。

這本手冊提供執行這三種功能評鑑策略之特殊程序。而我們將把重點放在面談和直接觀察方法上，因為我們相信這些方法在家庭、學校和社區中是最適用的。請記住：關鍵在於這些策略被設計來確認在危機行為和引發並維持這些行為的前因事件和結果

之間的關係。我們假設藉由這些關係的瞭解，我們可以發展更有效、更有效率、對危機行為的個案，在生活方式上產生更廣泛改變的行為支持計畫。

## 為何進行功能評鑑？

進行功能評鑑有兩個主要原因，第一，要建立有效和有效率的行為支持，關於何時、何處及為何危機行為發生的訊息是非常有價值的。如果發展處遇的方式沒有依據功能評鑑，有可能讓危機行為更糟糕。我們可以從案例中看到，一個小孩很容易發怒是為了要獲得好處，因為她被告知如果安靜下來則可以得到好處；或是一個表現攻擊行為的小孩，因她這樣的行為被罰站在角落，以此避免某項工作。在上面的案例裡，被認為是解決方法的，事實上增強了危機行為。讓危機行為變得更糟糕的危險性是非常真實的，功能評鑑不僅僅幫助我們發展有效和有效率的計畫，同時可以幫助我們避免因計畫不當所帶來的錯誤。

第二個應該要對嚴重危機行為的個案做功能評鑑的原因是它是一個專業的標準，在行為分析協會（The Association for Behavior Analysts）出版的《有效處遇的權利》（*Right to Effective Treatment*），包括了所有個案接受專業功能評鑑的行為處遇的權利。國際健康協會（The National Institutes of Health）舉辦了對危險和破壞行為方面很重要的共識會議（NIH Consensus Report, 1989），非常贊成功能評鑑過程的價值。直到最近，有一些州（如明尼蘇達州、佛羅里達州、加州、猶他州、華盛頓州、奧勒岡州、紐約州）已經制定法律或州的規定，要求在重要的行為處

遇之前必須進行功能評鑑。

　　現在，心理學家、教師和提供成人服務的人，在對無行為能力的小孩和成人給予行為支持時，功能評鑑是一個專業的標準。使用功能評鑑，不僅僅讓方案更有意義，同時，在實務界是被期待的。

# 進行功能評鑑前需考慮的其他事項

　　行為支持時常可從伴隨而來的評鑑程序中獲益。這些伴隨而來的，而且已經使用的三個評鑑資料來源，包括了：(1)個人中心的計畫；(2)活動模式的評鑑；(3)醫療／生理問題的評鑑。

## 個人中心的計畫

　　過去的十年中，建立個人中心的計畫或針對個案未來的遠景，已經發展出各式各樣的方法，這個個人中心計畫的發展是所有人積極地專注在個案的生活型態中。一般而言，這個計畫具有廣泛的焦點，不僅指出個案所經驗的問題或困難，尚包括了個人的偏好與個案的長處。這個個人未來計畫的過程提供了一個廣泛的脈絡來建立行為支持計畫。跟隨行為分析家 Todd Risley 博士給予我們的建議，透過這個較廣泛的過程，先藉由幫助個案「獲得重生」（get a life）開始，然後再更詳細地建立個案可能需要的行為支持系統，來形成好的行為支持。

## 活動模式和社交生活

我們的生活品質和行為大大地受到我們參與的活動和經驗的社交生活影響。在分析個案的活動模式時,你可以討論這類的主題:像是他們從事的活動種類、他們經驗的社區整合的程度,以及他們的喜好受到回應與滿足的程度。在考慮他們的社交生活時,社交網絡(大小、重要他人的出現或缺席、關係的維持狀況)的組合,和社交互動的本質(像是與喜歡的人投入喜歡活動的機會及次數),對支持計畫中的改變需要,提供了很重要的線索。在附錄A的參考文獻中提供了二種工具,分別是居住生活型態問卷(Kennedy, Horner, Newton, & Kanda, 1990)及社交網絡分析表(Kennedy, Horner, & Newton, 1990),在分析這些生活型態的主題上,這二種工具已經被證明是非常有用的,我們建議在整體的評鑑過程中加入這二種工具,或使用類似的工具,來完成行為支持計畫。

## 醫療和生理問題

Jon Bailey博士強調需要檢視醫療或生理情況可能對危機行為產生的影響。往往我們對行為的處遇採用醫療上病因學來界定危機行為,很重要的一點是要確認或排除與特定嚴重的危機行為有關的低發生症狀群的出現,同時,許多情況包括過敏症、中耳炎、月經前期或月經週期心情低落的影響、尿道炎、牙痛和長期的便秘,可能使特殊行為的發生更加惡化。藥物(medication regimes)上的影響或副作用是我們需要注意的一個很重要的領

域，因為多數有危機行為的個案，接受了各種抗精神疾病藥物、抗癲癇藥物和其他類型的藥物。要決定醫療／生理方面變項的影響和發展處置的策略，需要一個整體性的支持過程，包括適合的醫療人員能夠提供必要的服務。

# 價值的聲明

　　功能評鑑並不是一個價值中立的技術，在這本手冊中，我們所提供的內容與程序有三個以價值為基礎的假設。第一個是行為支持應該以個案尊嚴為最優先考量。功能評鑑之所以是恰當的，是因為我們承認人的行為是有功能的。人們並不會單單因為他們是發展性障礙或心智不足而出現自我傷害、攻擊、嚴重的破壞財物，或嚴重的分裂行為。他們的行為模式不但對他們有作用，而且持續在某些方面對他們產生作用。他們的行為是有邏輯的，而功能評鑑即是要瞭解這個邏輯。

　　第二個以價值為基礎的假設是功能評鑑的目的不僅僅在於定義和消除令人討厭的行為，同時也要瞭解這些行為的結構和功能，目的在於教導和促進有效的替代行為。行為支持的目標在於創造環境和環繞在個案周圍的支持模式，而使他們的危機行為變得沒有關係、沒有影響力或無效。我們希望你使用這本手冊呈現的資料和程序所獲得的訊息，可以讓你在確認以下三部分更有效：(1)沒有必要的情境，其促使了令人討厭的行為，你可以消除或修正之；(2)你可以教導新的或可以替代的技巧，這些技巧比令人討厭的行為更有效及有效率，並藉此使令人討厭的行為失效；(3)工作人員對令人討厭的行為的有效回應。

第三個以價值爲基礎的假設在於功能評鑑是一個找尋行爲和環境之間關係的過程。它不是簡單地「回顧」（review）有危機行爲的個案。危機行爲不能在沒有廣泛地去看行爲發生的環境脈絡的情況下被討論。功能評鑑應該顯示的訊息有：(1)令人討厭的行爲；(2)有關環境結構的特徵；和(3)支持提供者的行爲和支持模式，例如人員替代的模式。功能評鑑是對環境的分析（行事曆、活動模式、課程、支持人員、物理環境），也是對個案行爲的分析。千萬不要將功能評鑑變成「責備」個案具有令人討厭的行爲的過程。

# 第二章
# 功能評鑑和分析策略

功能評鑑面談
學生導向功能評鑑面談：包括學生本人
直接觀察
功能分析操作

這本手冊對蒐集功能評鑑及分析資訊上提供三種策略：與相關的人面談、系統性的直接觀察行為，以及系統的操作環境事件——亦即功能分析。我們已經以不同的方式使用這些策略。通常我們是從面談開始做起，再進行系統的直接觀察，而以系統的操作來完成分析。在許多情況下，面談及系統觀察就已經能夠達到描述令人討厭的行為、確認預測因素和維持結果等所期望的目的。這個單元將一一呈現每一個所採用的程序。

# 功能評鑑面談

行為是非常複雜的。研究者、直接支持的人員，及家庭的成員能夠從個人的學習史及生理結構確認影響個人行為的許多事情。功能評鑑面談（Functional Assessment Interview, FAI）的主要目的在於蒐集影響危機行為之事件的相關訊息。你的工作是聚焦在對個案非常重要的事件上。就技術面而言，面談並不是功能分析，也就是說，它並非實證地記錄功能關係。但是，面談有助於確認一些變項——如環境、事件、活動等，這些變項可以透過直接觀察和系統的操作策略而達到聚焦。

## 誰需要被面談？

有兩種團體可以加入面談，其中一個團體是由老師、參與支持的人員、父母親、家庭成員及其他與個案一起工作或相當瞭解個案的人組成；另一個團體則是由表示關切該行為的人員組成。有幾個因素可以決定第二種團體的參與人員，例如興趣、方便

性、意願，及參與較複雜口語互動的能力。要蒐集有關個人的資料，先與老師、父母及參與支持的人員會談可說是最有意義的。但是，若和與個案有關的其他人面談似乎是適當和有幫助時，就應該儘可能包含這些人（詳見本章標題「學生導向功能評鑑面談：包括學生本人」）。與老師、父母及其他資料提供者面談時，你必須至少與一個或最好與兩個甚至更多每天都與學生接觸的人交談，個案本身也可以一起參與面談，或個別面談。

老師和直接服務的人員（direct service personnel）已經使用這個面談的過程和功能評鑑面談表在自我面談上（self-interview）（例子和表格的描述將於本章稍後呈現），舉例來說，老師和他的教室助理可以挪出一些時間討論和回答問題，當作自我引導過程的一部分。

## 什麼是功能評鑑面談的結果？

功能評鑑面談有四個主要的目的，它類似整個功能評鑑過程的結果（見專欄1-1）：

1.描述我們所關切的行為。
2.對於一般或立即性的生理或環境因素的界定，這些因素可以預測危機行為是否會發生。
3.確認相關行為的結果及可以維持此結果的潛在功能。
4.將情境、行為及功能之間的關係發展成一摘要陳述。

除此之外，面談也可以是蒐集其他有助於發展支持計畫的機會，例如個案的溝通能力、哪些事物和活動是行為的增強物。

## 面談需要花費多少時間？

若與二位協助人員共同進行功能評鑑面談，需要花費的時間約四十五至九十分鐘。經驗告訴我們，面談所花費的時間將視個別情況而定。使用功能評鑑面談表（FAI）可以幫助我們在面談時的聚焦及效率。有些個案可能會需要更長時間的討論。

## 運用功能評鑑面談表

FAI分為十一個主要的部分，你可能會希望花一些時間檢視附錄B的每一個空格，我們將一一描述表格的每一個部分。

### A.描述行為

A部分清楚地提供了描述令人討厭行為的機會，在這部分設計了二個題目來完成三個目標。第一是鼓勵受訪者不但列出最令人討厭的行為，而且是所有的危機行為。行為支持計畫通常依據行為的類別來設計（諸如：由同樣的結果維持的所有行為）。例如：如果一個學生有尖叫、嘔吐、丟東西及逃跑等行為，都是為了引起老師的注意，行為支持計畫將一起處理這些行為。為了促進這個過程，面談者需要蒐集個案所有與危機行為有關的訊息。危機行為可能具有很大的危險性（嚴重的自己咬自己），也可能只是輕微的令人討厭（將東西推開），或甚至與功能無關（重複的動作，並不干擾正在進行的活動）。然而，我們發現，一個有嚴重危機行為的人，很少只表現出一、二個引起我們關心的行為。可能只有一個或兩個行為是危險、而且特別引起注意的，但是，對你而言，取得一系列個案經常出現的危機行為是很重要的。

A 部分的第二個目標是促進行為的操作描述，在問題A.1的空格裡，面談者能記錄他（她）對行為的危險或嚴重影響的覺知，包括：(1)行為的標籤或名稱；(2)簡短的描述表現出來的行為或動作；(3)行為表現的基本頻率；(4)行為持續的時間長度；(5)描述行為強度。最主要是對行為提供簡短的描述。

　　A 部分的第三個目標在指認出不同行為一起發生或是呈現可預測的順序或連鎖關係的程度，我們已經發現這些訊息對於建立行為支持計畫有很大的價值。通常一起出現的行為是同一類型的，它們具有相同的行為功能，在問題A.2中，你可以找出一些訊息：不同的行為可能屬於相似的類型。因此這些行為在行為支持計畫中將以類似的方式處理。

## B.界定潛在的生態／場地事件

　　生態（ecological）或場地事件（setting events）所指的是個人所處的環境或每天的例行事務，它不一定會在我們不喜歡的行為之前或之後立刻發生，但它仍會影響行為的表現，也就是說，事件可能在早上發生，但它可能會影響下午危機行為的發生，以更精確的行為學術語來說，這些事件是所謂的「助長因素」（establishing operations）。我們發現以下的七個項目可以幫助我們檢視場地事件，而這對於瞭解特定個體的行為是很重要的。

　　**藥物治療**：留意個案是否服用藥物、每天藥物治療的時間及每天服用的量，嘗試瞭解藥物治療對他（她）的**警覺性**、**思緒混亂**及**反應能力**等方面是否有影響。

　　**醫療或生理上的問題**：是否有過敏、氣喘、出疹子、傳染病或其他會引起疼痛或不舒服的情況？

　　**睡眠週期**：瞭解個案通常在一天中睡眠時間有多長，如果每天睡眠超過一次，睡眠持續多長的時間？

飲食習慣及特定飲食：瞭解個案多久吃一次？每天消耗的卡路里有多少？特別喜歡或不喜歡的食物為何？及任何重要的飲食上的限制。有時候，僅僅讓個案少量多餐，對其危機行為就會有意想不到的影響？

每天的行事曆：取得個案每天的活動行程（5.a）。接著的兩個問題（5.b和5.c）的目的則在於蒐集訊息，以便瞭解這些行為的可預測性和個案對這些行為選擇的機會。這些個案的生活項目會影響危機行為的發生。

人數：在個案的工作場所、學校及家庭環境有哪些人？而這些人是否與個案的行為有關聯。特別是在較小的空間，愈多的人，通常會造成愈多的吵雜、擁擠及混亂，許多人在這種情況下，不論他有無缺陷，都可能難以發揮功能。

協助人員的工作模式及互動：許多殘障的人從他們的家庭、學校、工作場所或社區環境中獲得實質的支持。協助人員所提供的支持方式對於支持計畫的成功與否是很重要的。當我們在詢問這方面的問題時，試圖找出個案所經驗到的協助人員的典型模式或比例，及協助人員的行為類型和互動方式，是否影響所關切的行為。

## C.界定危機行為出現與否的立即性前因事件

詢問一些問題以找出發生危機行為的特定情境，危機行為通常與這些情境有關，包括了何時、何地發生的？與誰在一起？何種特定的活動是有問題的，找到彼此的關聯性可以幫助我們預測個案危機行為的模式——這些環境的因素可能使人不自主地「落入陷阱」。

時間：這些行為是否在一天當中特定的時間出現或沒有出現？這樣的訊息對於我們聚焦或分析危機出現的時間和特定環境

是非常有用的。

　　地點：這些行為是否常常或很少在某些特定的地點（像是教室、工作地點、學校的運動場、浴室）發生？這些可能影響危機行為的場所有什麼特徵？

　　對象：這些危機行為的發生與否是否與特定對象的出現是一致的？伴隨著時間和地點，特定對象——家庭成員、同儕——的出現或消失可能可以預測行為是否會發生。

　　活動：特定的活動與此行為是否有關聯？此訊息可提供需求的類型和個案不喜歡的活動結果。

　　這些因素中的某一項或某幾項可能比其他因素對於危機行為的發生更重要，亦即危機行為可能因某一特定活動而發生，與對象和時間無關。然而，當我們分別瞭解時間、地點、對象及活動時，請謹記將這些結合在一起是很重要的。危機行為可能在特定的時間，當特定的人出現，在特定地點從事特定活動時發生。

　　C部分的其餘三個問題（問題5、6、7）是對個案很重要的特殊或特定情境或事件。這些可能包括對個案特殊的要求、將他（她）從一個活動／場所帶至另一個活動／場所、對他（她）想要的事物或活動要求他（她）暫緩，以及要求個案停止從事某些他喜歡的事等。你的資料提供者可能提供一個他們認為非常重要的事，此事是危機行為形成最可靠的因素。在回答這些問題時，請記住確認那些危機行為不太可能發生的情境，與確認那些危機行為極可能發生的情境是一樣有價值的。

　　在這個部分的面談能夠幫助我們瞭解危機行為時常與特定的情境有關，它發生在某些情境中，卻不發生在其他的情境裡，瞭解危機行為發生的情境可以幫助我們建立支持計畫及避免落入「個案有危機行為」的陷阱裡。

### D.確認哪些行為結果可能使令人討厭的行為持續

面談的前幾部分，我們將焦點放在獲得個案所處的環境中能預測危機行為發生與否的相關訊息。行為與環境關係的另一個重要層面是行為對個案所帶來的結果，也就是行為的功能。我們假設任何一再重複的行為，都可能帶來某些功能或可以產生某些增強作用。

值得思考的是，行為可能帶來兩種主要的功能：可以「獲得」某些喜歡的，與「避免」或「逃避」某些不喜歡的。以更專業的術語來說，行為藉由「獲得」想要的正增強來維持，以及藉由「逃避」或「避免」不想要的負增強來維持。圖2.1依此架構將危機行為的可能功能，分為六類──三類為「獲得」想要的事件及三類為「逃避／避免」不想要的事件。

獲得及逃避／避免兩類行為，可以進一步以是否需要與環境或人產生互動，區分為內在／個人事件或外在／社會所引發的事件。圖2.1提供了一個符合此分類架構並逐一描述每一分類的例子（例如，正增強：自動地；正增強：實質的東西／活動）。

伴隨著結果的類型，圖2.1亦提供了一系列的步驟或層次，以幫助我們確認特殊結果的特定重要特徵。這些問題呈現在圖的左半邊，一旦你已經確認問題或有關問題的分類（層次一），然後，你要設法找出：(1)是什麼維持此結果，包括喜歡的事情或事件，或逃避／避免不喜歡的事情或事件（層次二）；(2)維持此結果是否與內在／個人的事件較外在／社會所引發的事件來得有關聯（層次三）；及(3)事情或事件的關鍵特徵是否讓當事人令人更喜歡或令人不喜歡（層次四）。例如：對有些人來說，與身體接觸（擁抱、輕拍背部）有關的社會注意可能會是喜歡的，對其他人而言，要求他們做些精密的活動，例如書寫、扣襯衫的釦子或

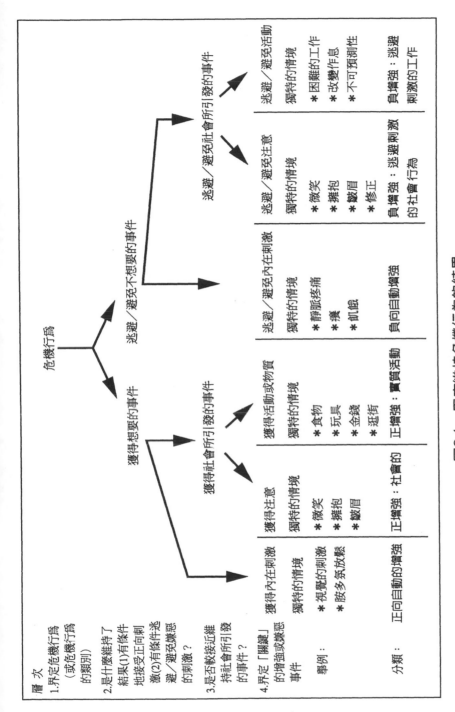

層次

1.界定危機行為
（或危機行為
的類別）

2.是什麼維持了
結果(1)有條件
地接受正向刺
激(2)有條件逃
避／避免嫌惡
的刺激？

3.是否較接近維
持社會所引發
的事件？

4.界定「關鍵」
的增強或嫌惡
事件

事例：

分類：

危機行為

獲得想要的事件　　　　　　　　　　　逃避／避免不想要的事件

獲得社會所引發的事件　　　　　　　　　　逃避／避免社會所引發的事件

| 獲得內在刺激 | 獲得注意 | 獲得活動或物質 | 逃避／避免內在刺激 | 逃避／避免注意 | 逃避／避免活動 |
|---|---|---|---|---|---|
| 獨特的情境 | 獨特的情境 | 獨特的情境 | 獨特的情境 | 獨特的情境 | 獨特的情境 |
| *視覺的刺激<br>*胺多氛放鬆 | *微笑<br>*擁抱<br>*皺眉 | *食物<br>*玩具<br>*金錢<br>*逛街 | *靜脈疼痛<br>*癢<br>*飢餓 | *微笑<br>*擁抱<br>*皺眉<br>*修正 | *困難的工作<br>*改變作息<br>*不可預測性 |
| 正向自動的增強 | 正增強：社會的 | 正增強：實質活動 | 負向自動增強 | 負增強：逃避刺激<br>的社會行為 | 負增強：逃避<br>刺激的工作 |

圖2.1　界定維持危機行為的結果

把小東西裝配起來，可能讓他們感到厭惡或不喜歡。

　　當你進行面談時，記住這些問題將會有助於將目標放在重要的問題上，對於支持計畫或處遇策略都會有所助益。在面談表中，問題D.1想瞭解當個案開始危機行為時，什麼是他（她）想得到或避免的。除此之外，你必須將此行為的結果與此問題如何在不同的情境發生結合起來，舉例來說，一個學生可能在教室及遊樂場所有攻擊的行為，在這兩種情境中，決定一個人是要得到或避免同樣的結果就變得非常重要了！

　　詳細說明行為的功能，對於發展支持策略是非常有用的，像是教導適當的替代行為，可以讓個案獲得與危機行為同樣的結果，我們將在這本手冊的第三章討論這個部分及其他類型的方法。

### E.確認令人討厭的行為的成效

　　你可能曾經跟行為不一致的人一起工作，但有時候他們可能在某些情境表現適當的行為，但是偶爾也可能在同樣的情境中出現危機行為，很明顯地，這個人已經學會如何表現適當行為與危機行為這兩種行為，簡言之，有時候，他（她）表現危機行為，只是因為這樣對於達成結果是較有效的方法，如果表現危機行為愈是有效，則愈容易再出現危機行為。這些行為(1)較不需要付出勞力；(2)導致更快、更一致的報酬；或(3)很快地產生結果。舉例來說，對有些人而言，尖叫或撞頭與以適當的溝通行為（善於表達、做手勢、使用溝通的方法）相較，並不需要付出這麼多的努力，尖叫或撞頭甚至可以更快地獲得注意。這個部分是幫助你把焦點放在這一類有關危機行為的相關訊息上。

### F.個案已經知道如何進行的功能性替代行為有哪些？

　　教導並增強個案從事適當的替代性行為是很重要也很有用的

步驟。在FAI表格中，F部分的問題在於引導出有關個案已經知道的行為，並且他（她）也可以表現出此行為，而這個行為與危機行為所帶來的結果是一樣的。例如：在活動中，個案可能已經表現出這方面的能力，有時個案可能藉由說話及手勢來請求協助或休息等適當的行為。瞭解這個部分將幫助你決定是否需要將焦點放在教導新的技巧或試圖提升或增強個案已經具備的技巧。

**G.個案與他人溝通的基本方式為何？**

在思考適當的替代行為時，對具有嚴重危機行為的個案而言，溝通可視為是最重要的一個技巧。如果我們想讓支持變得有效，則必須瞭解個案在環境中與他人溝通重要訊息的方式。在G部分的面談中，首先是讓你去記錄有關個案典型的溝通策略的基本訊息。我們提供了一個圖表，有助於瞭解個案為了達成幾種普通的溝通功能，而採取的不同的回應方式。在問題G.3.a到G.3.d試圖找出有關個案接受訊息或瞭解他人的溝通能力。

**H.與個案共事或支持他時，應該做及避免的事為何？**

面談的H部分，是想瞭解在活動中或在教學單元中，對個案有效或無效的方式。例如：有些個案可能喜歡較快的速度、大聲些及生活化的互動、不斷地鼓勵等等，但有些個案可能較喜歡與慢速度、輕聲細語的人互動。

**I.什麼是個案喜歡並且對他（她）有增強作用的事物？**

如果我們要發展成功的支持策略，確認有效的增強物（東西、事件或活動）是非常重要的。在詢問有關個案喜歡的事物的問題時，必須知道何種事件或活動是個案自發性尋找的，何種是需要他人提供的。協助人員的報告是瞭解有效增強物很好的指標，但是，由個案自己自動尋找的可能會是一個更好的指標。雖然面談可以得到有用的訊息，一個支持性計畫通常需要我們直接

測試個案認為具有增強性的物質、活動及事件喜好的優先順序。這類評鑑包括探究各種對個案潛在性的增強物，包括食物、玩具／物質、娛樂（音樂、電視、電影）、遊戲、戶外活動或家庭活動。透過這樣的探究，你可以藉由觀察他（她）花費在這些增強物上的時間，或藉由檢視這些興趣的其他指標，而決定哪些類別和特定項目是個案最偏好的（見附錄 A 關於評鑑增強物的文獻）。

　　確認目前危機行為所帶來的功能對於決定或選擇增強物亦是有用的，舉例來說，如果一個人持續出現危機行為是為逃避某些情境，無拘無束有可能是一個增強的結果；如果一個人持續地投入某一種行為去獲得特殊的物質或社交性的互動／注意，則這類的物質或互動應該是很有力的增強物，它對於支持方案是很有用處的。

## J.對於個案令人討厭行為的瞭解程度有多少？是否曾進行何種計畫以減少或消除這些行為？成效如何？

　　瞭解他人曾經嘗試進行的處遇方式及所帶來的影響，可以提供你影響個案行為有關事件的線索。舉例來說，如果你瞭解曾經嘗試「暫停方案」，但是增加了行為的頻率，這樣的結果或許能夠提示此行為由於想逃避或避免某情境或要求而產生。通常，我們可能很難獲得明確、可靠的有關已經嘗試過的方案及這些方案的效果的資料，然而，嘗試去做是很重要的。

## K.就每一個主要的前因及／或結果做一摘要陳述

　　K 部分提供了一個可以將面談所得的訊息統整及摘要成一個或更多特殊陳述的空間。你必須為面談中所鑑定出的每一個主要預測事件或結果的類別，發展出個別的摘要陳述。在本書的下一個部分將對這類陳述提供更仔細的說明，並舉出例子。這些摘要

陳述對於引導後面系統性直接觀察及發展支持方案是非常重要的。

## 發展摘要陳述

面談過程的第四個主要成果，需要將有關危機行為，及面談所得的訊息統整成摘要陳述，這些摘要陳述對於進行其他評鑑活動及發展行為支持計畫是非常重要的。

摘要陳述描述了三個構成要素：(1)危機行為發生的情境——場地事件及立即性的前因事件；(2)發生的行為；及(3)在此情境中，行為所帶來的功能或其所增強的結果。摘要陳述統整了你已經蒐集到有關行為、前因事件及維持此行為結果的訊息。你必須試著針對(1)產生特殊功能的每一個行為或行為的種類；及(2)發生該種行為或該類行為的特殊情境種類，去發展摘要陳述。舉例來說：有關於個案自我傷害撞擊頭部及咬傷手，在結束時，你可能會有兩個摘要陳述，其中一個是關於行為及其在小團體指導性活動中發生的；另一個陳述則是關於行為發生在往返學校搭乘巴士時發生的。利用這樣的途徑是非常重要的，它可以確定不同的情境可能帶來不同的行為功能。**專欄2.1**呈現了一些摘要陳述的例子，請留意每一個陳述都包括了以上所描述的組成成分（情境、行為及功能／結果）。例1、2及6所包括影響危機行為的情境有立即的與間接的事件。摘要陳述的組成成分已在例1中標示，在例2至6中，你可以藉由標示摘要陳述的組成成分做一自我測試。

**圖2.2**是一個已完成的功能評鑑面談表。這個表格是面談員與Curtis的小學老師面談的結果。Curtis，十一歲，被診斷為中

## 專欄2.1　以面談資料爲基礎的摘要陳述範例

1.───────────── 立即的情境─────────────

「當 Perry 在教室的大團體中得到注意時，

─────── 危機行爲─────── ── 維持的功能 ──

他希望利用發出不敬的言語和丟東西　獲得（同伴的）注意。

─────────── 遠因事件（場地事件）───────────

一天中，Perry 獲得的注意愈少，這樣的行為模式愈多。」

2. 「當 Monique 被要求在她的工作站做獨立的組裝工作時，她撕碎原料並打她的督導，以逃避所要求的工作。如果前一天晚上她的睡眠少於四個小時，這樣的行為模式出現愈多」。

3. 「當 Jacqueline 在遊樂區被提醒停止玩電腦或唱機時，她多半會坐在地板上並尖叫，企圖以此獲准繼續玩這些設施。」

4. 「在家中，當出現較少程度的活動或注意時，José 會搖動並開始咬自己的手腕，讓自己覺得興奮刺激。」

5. 「當 José 被要求自己穿衣服或做一些他不喜歡的例行性的照顧自己的事，他會開始咬自己的手腕，企圖逃避他被要求的工作。」

6. 「當 Andrea 在閱讀或數學作業上開始覺得有困難時，她將頭低下，拒絕回答，並闔上書本以逃避完成作業。如果 Andrea 一早受到老師的譴責，這樣的模式發生的可能性似乎會增加。」

```
┌─────────────────────────────────────────────────────────────────┐
│                                                                   │
│                    功能評鑑面談（FAI）                             │
│                                                                   │
│   個   案  Curtis Jackson      年齡  11         性別  ㊚ 女        │
│   面談日期  5/7/96           面談員  Jane Wolf                     │
│   受 訪 者  Alex McDonnell, Sharon Kiefer, John Mayhew            │
│                                                                   │
│  A.描述行為                                                        │
│    1. 就每一個案之行為，界定其類型（topography）、頻率（每天、每週 │
│       或每月發生的次數）、期間（行為發生時，為期多久），及強度（行 │
│       為發生時之傷害或破壞程度）。                                  │
│                                                                   │
│         行為        類型          頻率      期間      強度         │
│                                                                   │
│       a.吶喊      使用猥褻的言語   5-6 次／週  5-10 秒  大聲        │
│       b.丟東西    書／東西丟在牆壁 5-6 次／週 15-30 秒 牆壁有凹痕   │
│       c.捏／抓    抓手／手臂和挫傷 4-5 次／週  5-10 秒  打傷及流血  │
│         傷同學       ／戳                                          │
│       d.打桌子    張開手或握拳打   2-3 次／週  5-10 秒  很容易聽得見│
│       e.大聲喊叫  重複說老師的名字 5-6 次／週  5-10 秒  很容易聽得見│
│       f.手臂抓癢  重複來回以指甲抓 8-10 次／週 5-10 秒  可能導致流血│
│       g.                                                          │
│       h.                                                          │
│       i.                                                          │
│       j.                                                          │
│                                                                   │
│    2. 上述行為有哪些會以某種形式一起發生？是否同時發生？是否依某   │
│       種可預期之頻率或連鎖（chain）發生？是否係回應同一種情況而發 │
│       生？                                                        │
│       吶喊和丟東西；打桌子和大聲喊叫                               │
│                                                                   │
└─────────────────────────────────────────────────────────────────┘
```

圖2.2　Curtis Jackson 的功能評鑑面談表

**B. 界定預測或形成危機行為之生態事件（場地事件）**

1. 個案服用何種藥物（如果有的話），你如何判定藥物是否對其產生
影響？
   服用 Tegretol 控制發作（500 毫克，每天 2 次）；可能會引起更加口
   渴，和要求喝水／飲料，並且手臂發疹／癢（服用 Benadryl，每天
   50 毫克；引起想睡覺的感覺？）

2. 個案（是否）因何種醫療或生理狀況而影響其行為（例如氣喘、過
   敏、出疹子、呼吸感染、突然發作型疾病，或是與月經相關的問題
   等）？
   手臂上有一些皮膚的問題（癢；偶爾會出疹子）；可能會引起抓手
   臂；與 Tegretol 有關？

3. 描述個案之睡眠模式，及這些模式對其行為的影響程度。
   睡眠正常（每晚 7-8 小時）；偶爾會因服用 Benadryl 在白天特別想
   睡？

4. 描述個案之飲食習慣及特定飲食，及對其行為的影響程度。
   沒有經常性的問題；需要再觀察／限制食用甜食（像是蘇打、糖
   果、餅乾）；偶爾會拒絕吃早餐，在早晨將導致更多的問題

5a. 在下表中簡短列出個案典型之活動行程（請勾出其喜好之活動，以
    及與危機行為最有關之活動）。

| 喜好 | 危機 | | 喜好 | 危機 | |
|---|---|---|---|---|---|
| ☒ | ☐ | 6:00 6:30 起床盥洗、更衣 | ☒ | ☐ | 2:00 溝通技巧訓練 |
| ☒ | ☐ | 7:00 早餐；7:45 搭車 | ☒ | ☐ | 3:00 搭巴士回家 |
| ☐ | ☐ | 8:00 8:15 到校；8:30 上課 | ☒ | ☐ | 4:00 吃餅乾，休閒時間 |
| ☐ | ☒ | 9:00 閱讀／語文藝術 | ☒ | ☐ | 5:00 家庭雜務，準備晚餐 |
| ☐ | ☒ | 10:00 數學技巧團體 | ☒ | ☐ | 6:00 與家人共進晚餐 |
| ☒ | ☐ | 11:00 學校工作（打掃教室／資源回收） | ☒ | ☐ | 7:00 打掃房間，休閒時間 |
| ☐ | ☒ | 12:00 午餐／自助餐／休息至 1:00 | ☒ | ☐ | 8:00 打掃房間、休閒時間 |
| ☐ | ☒ | 1:00 體育課／學習個人衛生技能 | ☒ | ☐ | 9:00 就寢時間；9:30 上床 |

（續）圖 2.2　Curtis Jackson 的功能評鑑面談表

5b.個案之活動行程中可預期之活動範疇,包括將發生的事件、發生的時間、對象,以及期間?

黑板上的課堂行事曆;口語提醒

5c.一天之中,個案有多少機會得以選擇其所進行之活動或增強之事件(例如食物、衣著、同伴或休閒活動等)?

不多;每天可以選擇學校的工作

6. 在個案家中、學校或工作場合周圍有哪些人(包括同事、同學及家庭成員)?個案是否特別不喜歡人多和吵雜的環境?

個案的教室中有其他11位同學;在愈擁擠和吵雜的情境下,似乎不會因吵雜/擁擠而感到困擾,但是,當愈熱鬧時,個案則需要愈多的注意

7. 個案在家中、學校、工作場合或其他環境中所接觸到的是哪種支持型態(例如,1:1,2:1)?你是否認為協助人員數、協助人員之訓練,或協助人員與個案之社會互動會影響其危機行為?

學生/老師的比例約4:1;當他獲得更多個別化的注意時,Coutis做得更好;其他3組協助人員亦是如此

C.界定危機行為出現與否之特定的立即性前因事件

1. 時間:該行為最可能及最不可能發生之時間?

最 可 能:大部分行為最可能發生在早晨和午餐、休息和體育課時

最不可能:在下午上完體育課後

(續)圖2.2　Curtis Jackson 的功能評鑑面談表

2. 地點：該行為最可能及最不可能發生之地點？
  最 可 能：<u>最可能發生在教室中；而在學校的遊樂場和在體育館上</u>
        <u>體育課時，可能發生捏抓同學的行為</u>
  最不可能：<u>在社區內</u>

3. 對象：該行為最可能及最不可能發生之對象？
  最 可 能：<u>對所有的協助人員均一樣；似乎與活動較有關聯</u>

  最不可能：

4. 活動：最可能及最不可能促使該行為發生之活動？
  最 可 能：<u>閱讀課；數學課；分組活動中無法得到一對一的注意</u>
        <u>時；遊戲（休息時間和體育課時間）</u>
  最不可能：<u>學校工作；社區戶外活動</u>

5. 是否有上述未列出，但有時會「引發」危機行為之特殊或特別狀況
  或事件，如特殊要求、噪音、光線或衣著？
  <u>當被要求／提醒不要抓手臂時變得煩燥；時常以不敬的態度回應</u>

6. 你做的哪一件事最可能引發不應有之危機行為？
  <u>要求 Curtis 大聲唸出一長串的字時</u>

7. 簡短敘述下列情況對該個案之影響……
  a. 要求他／她做一件困難的工作。
    <u>最常出現喊叫、丟東西</u>

  b. 打斷其所喜歡的活動，如吃冰淇淋或看電視。
    <u>最常出現是拒絕、喊叫</u>

  c. 無意間變更其日常作息或活動行程。
    <u>通常不會是問題</u>

（續）圖2.2　Curtis Jackson 的功能評鑑面談表

d. 他／她有想要而得不到的東西（如食物櫃上的食物）。

可能重複要求
_____

e. 你不注意他／她，或留他／她獨自一個人一段時間（如15分鐘）。

可能對外大叫，打擊／拍桌子
_____
_____

D. 確認哪些行為結果可能使危機行為持續（亦即，在特定情況下，個案的危機行為帶來的作用）

1. 以A 部分所列出之危機行為，試著確認個案在不同情境中展現該行為時所獲得之特定後果或結果。

| 行為 | 特定情境 | 個案確實獲得的 | 個案確實避免的 |
|------|----------|----------------|----------------|
| a. 喊叫 | 不喜歡的工作／打斷 | | 做工作／打斷 |
| b. 丟東西 | 不喜歡的工作／打斷 | | 做工作／打斷 |
| c. 捏／抓傷朋友 | 想要的東西（例如：球） | 獲得東西 | |
| d. 打／拍 | 團體工作（很少注意） | 注意（同儕和老師） | |
| e. 對外喊叫 | 團體工作（很少注意） | 注意（同儕和老師） | |
| f. 抓手臂 | 包括很多／所有的情境 | | 減輕癢的感覺？ |
| g. | | | |
| h. | | | |
| i. | | | |
| j. | | | |

E. 對危機行為的成效作整體考量。其成效是指結合：(A)必須花費多少努力；(B)該行為行使多少次後獲得回應；以及(C)個案須等待多久才能獲得回應。

| | 低成效 | | | | 高成效 |
|------|------|------|------|------|------|
| 喊叫／丟東西 | 1 | 2 | ③ | 4 | 5 |
| 捏／抓 | 1 | ② | 3 | 4 | 5 |
| 打／拍／對外喊叫 | 1 | 2 | 3 | 4 | ⑤ |
| 抓手臂 | 1 | 2 | 3 | 4 | ⑤ |
| | 1 | 2 | 3 | 4 | 5 |

（續）圖2.2 Curtis Jackson 的功能評鑑面談表

F.個案已經知道如何進行的功能性替代行為有哪些？

1. 個案已行使之何種社會認可之合宜行為或技能，可能導致或加強與危機行為相同之結果？

   可以舉手；可以用說話來表示，像是「不喜歡」和「我想要」

   _____

   _____

G.個案與他人溝通之基本方式為何？

1. 個案常用的表達溝通技巧為何？諸如口語表達、姿勢／手勢、溝通板／書籍，或是電子裝置。其使用技巧之一致性？

   對許多事，Curtis 使用一至二個字的片語，有時候結合了手勢（為了強調他想要的東西），然而，他的語言常常很難瞭解。

   _____

2. 下表中，指明個案係以何種方式達到溝通目的：

| 溝通功能 | 複雜之敘述(句子) | 多字的片語 | 只說單字 | 附和回應 | 發出其他聲音 | 複雜的姿勢 | 單一的姿勢 | 指示 | 引導 | 搖頭 | 抓／碰觸 | 給東西 | 增加動作 | 移近你 | 移開或離開 | 凝視 | 面部表情 | 攻擊 | 自我傷害 | 其他 |
|---|---|---|---|---|---|---|---|---|---|---|---|---|---|---|---|---|---|---|---|---|
| 要求注意 | | | X | | X | | | | | | | | | | | | | | | X |
| 要求幫助 | | | | | | | | | | | | | | | | X | X | | | |
| 要求喜好之食物／事物／活動 | | | X | | | | X | | | | X | | | | | | | | X | |
| 要求休息 | | | | | X | | | | | | | | | X | | | | | | X |
| 指出某物或某處 | | | X | | | | X | X | | | | | | | | | | | | |
| 指出生理上的不適(頭痛、生病) | | | | | | | | | | | | | | | | | | | | ? |
| 顯示困惑或不快樂 | | | | | X | | | | | | | | | | | | | X | | ? |
| 抗議或拒絕某情境或活動 | | | X | | X | | | | | | | | | | | | | | | X |

（續）圖2.2　Curtis Jackson 的功能評鑑面談表

3. 關於個案是否善於接納訊息，或瞭解他人的能力……

    a. 該個案是否遵循口頭之要求或指示？遵循之次數有多少？（如果不多，請將其列出。）

    如果一次要求一項，遵循的次數較多；但一次要求兩項時，次數就較少

    b. 個案是否對姿勢或手勢之要求或指示有所回應？回應之次數有多少？（如果不多，請將其列出。）

    對強調的手勢／刺激有回應

    c. 如果你提供各種工作或活動之示範，個案是否能加以模仿？（如果不多，請將其列出。）

    對許多事都會模仿

    d. 如果詢問個案是否想要什麼、想去哪裡等等，個案以何種方式表示「是」或「否」？

    將說出「是」或「否」；即使是正確的，也總是不清楚

H. 與個案共事或支持他／她時，你應該做或應該避免的事為何？

    1. 進行一項教導課程或某項活動時，應以何種方式改善個案之狀況？
    較慢的速度；較多的鼓勵；玩笑／好玩的態度；正向的聲調

    2. 應如何避免干擾或打斷對個案進行之教導課程或某項活動？
    較快的速度；譴責的聲調；快速重複的請求和／或刺激

I. 什麼是個案喜歡並且對他／她有增強作用的事物？

    1. 食物：甜食（糖果、餅乾、冰淇淋、蘇打）；馬鈴薯片／堅果；蘋果醬；熱狗；薄片餅乾。

（續）圖2.2　Curtis Jackson 的功能評鑑面談表

2. 玩具和物件：太空戰士和洋娃娃；螢光筆；彈珠；電腦遊戲

_____

_____

3. 居家活動：幫助父母戶外的家庭雜務；與兄弟姊妹玩滑板或推車；
與父親玩接球遊戲；看電視

_____

4. 社區活動／出遊：速食店；高爾夫；騎自行車；滑雪橇／在YMCA
游泳

_____

5. 其他：電影（短時間內，可以容忍）；搭巴士

_____

_____

J.你對個案之不當行為的瞭解程度有多少？是否曾進行何種計畫以減少
或消除這些行為？成效如何？

| | 行為 | 形成危機多久了 | 計畫 | 成效 |
|---|---|---|---|---|
| 1. | 喊叫惡罵 | 1-2 年 | 忽略或譴責 | 不多 |
| 2. | 丟東西 | 1-2 年 | 譴責和暫停 | 稍微減少 |
| 3. | 捏／搔攘 | 6 個月 | 道歉和暫停 | 不多 |
| 4. | 打擊／拍 | 1 年 | 忽略或暫停 | 稍微減少 |
| 5. | 對外喊叫 | 1 年 | 忽略或譴責；叫他等 | 稍微減少 |
| 6. | 抓手臂 | 6 個月 | 促使停止；藥物（Benadryl）不多 | |
| 7. | | | | |
| 8. | | | | |
| 9. | | | | |
| 10. | | | | |

（續）圖2.2　Curtis Jackson 的功能評鑑面談表

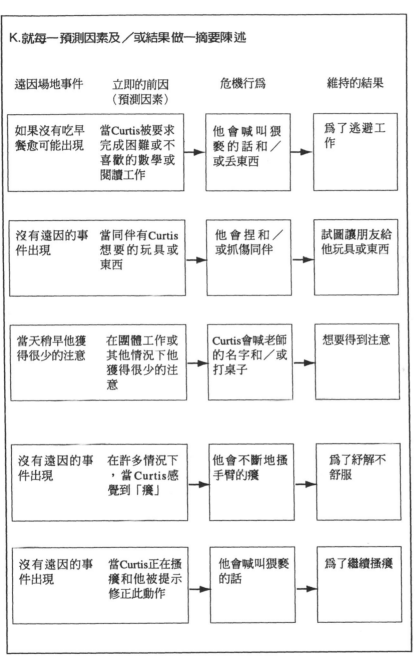

K.就每一預測因素及／或結果做一摘要陳述

| 遠因場地事件 | 立即的前因<br>（預測因素） | 危機行為 | 維持的結果 |
|---|---|---|---|
| 如果沒有吃早餐愈可能出現 | 當Curtis被要求完成困難或不喜歡的數學或閱讀工作 | 他會喊叫猥褻的話和／或丟東西 | 為了逃避工作 |
| 沒有遠因的事件出現 | 當同伴有Curtis想要的玩具或東西 | 他會捏和／或抓傷同伴 | 試圖讓朋友給他玩具或東西 |
| 當天稍早他獲得很少的注意 | 在團體工作或其他情況下他獲得很少的注意 | Curtis會喊老師的名字和／或打桌子 | 想要得到注意 |
| 沒有遠因的事件出現 | 在許多情況下，當Curtis感覺到「癢」 | 他會不斷地搔手臂的癢 | 為了紓解不舒服 |
| 沒有遠因的事件出現 | 當Curtis正在搔癢和他被提示修正此動作 | 他會喊叫猥褻的話 | 為了繼續搔癢 |

（續）圖2.2　Curtis Jackson 的功能評鑑面談表

度到重度的智能不足及有過動的問題，有發病的歷史，他與其他二十七位同學在一般的四年級班級，他的老師從諮詢顧問及兼職的教學助理那兒獲得支持。仔細閱讀此面談紀錄，專注於四個想獲得的結果：(1)界定行為；(2)界定潛在相關的特徵，它可以預測行為是否會發生；(3)確定行為所帶來潛在的功能（維持結果）；及(4)發展摘要陳述。

# 學生導向功能評鑑面談：包括學生本人

至今，功能評鑑的過程已經常被用在針對中度智能不足個案的支持方案設計上。然而，近來 Lee Kern、Glen Dunlap 及其他學者證實以功能評鑑為基礎，已經很成功地運用在有情緒和行為困擾、中度智能不足、腦傷以及一般發展正常小孩的處遇上。

將功能評鑑和處遇方式結合在一起，將提高從個案所表現的危機行為中蒐集資料的可能性，我們相信可以藉此獲得有關發展支持性計畫的重要資料。根據臨床經驗及其他學者表示，許多學生可以清楚地：(1)陳述偏好的活動或項目；(2)描述對於被分配工作的抱怨；(3)請求替代性的活動；(4)指出個人分心的狀態；(5)描述與同儕相處的困難。在這範圍內，這些描述是正確的及一致的，學生所提供的訊息可以補足與老師、父母或其他人面談不足之處。

在功能評鑑過程中直接包括學生本人的這個取向，我們已經發展出一個學生導向功能評鑑面談（Student-FAI），這項面談強調我們的發展及實地試驗，至今已運用在小學及中學。

# 誰需要被面談？

任何能提供可信資料的學生，都可以幫助功能評鑑資料的取得。有時候，學生可能需要從與其相處融洽的家庭成員或工作夥伴那兒得到援助。這些人可以在某些狀況下澄清問題或提供建議。然而，有些學生可能比較喜歡面談時沒有其他的人在場，無論是哪一種情況，面談訊息的品質與正確性，同樣地可以用前面提到的功能評鑑面談——亦即，透過系統的觀察資料或系統的功能分析操作——來確認。

# 誰來進行學生導向的面談？

在某些案例裡，一個有效的學生導向功能評鑑面談可以由學生的父母親或老師來引導，然而，我們先前的經驗裡，如果學生是被一個與他沒有負向的相處經驗的人引導，面談會進行得更快速，並且可以從學生身上引導出大量的資料。有許多的變數可能會影響學生導向功能評鑑面談所得到資料的正確性及價值，同時，我們相信面談員的選擇可能是重要因素之一。

# 面談需要花多長的時間？

要完成學生導向功能評鑑面談大約需二十至四十分鐘，對學生而言，要避免在正常的學校活動中佔去太多的時間，簡短的面談是必需的，如果面談是在放學後進行，學生可能有較多的時間提供所需的資料。使用學生導向功能評鑑面談表可以讓面談聚

焦以及更有效率。

## 學生導向面談的目的為何？

學生導向面談的目的與功能評鑑面談的目的是一致的：

1. 詳細敘述大部分問題發生的時間及情境。
2. 確認我們所關切的問題，在生理或環境的預測因素為何？
3. 確定行為可能帶來的功能（結果或後果）。
4. 發展功能評鑑的摘要陳述。
5. 提出支持性計畫的構成要素。

## 使用學生導向功能評鑑面談表

學生導向功能評鑑面談分為五個主要的部分，請花一些時間去檢視附錄C的空格，以下我們將一一描述每一個部分。

### 面談的準備及開始

準備使用學生導向功能評鑑面談，是從與轉介學生來的家庭、老師及協助人員的面談開始。因為他們確認學生表現危機行為的模式需要個別化行為的處遇。在大部分的案例中，在與學生約定會面之前，FAI會先使用在轉介學生來的成人面談中，以確認學生的危機行為模式。運用這些訊息，準備和開始使用學生導向功能評鑑面談的步驟如下：

1. 確認引導學生導向功能評鑑面談的人。在大部分的案例裡，我們的建議是選擇一個與學生關係良好的人，而不是與這學生最常有負向互動的人。在我們的經驗裡，在學校

中我們避免由轉介的老師來引導學生導向功能評鑑面談。

2. 找一個隱密的地方，確保面談的過程不會被打斷。

3. 在開始面談之前，與學生聊聊天以建立溫暖及良好的關係。

4. 告知學生面談的目的及強調誠實回答的必要性，如果在面談進行中，你強烈地感覺到學生可能給予不真實的訊息或不情願回答，你可以停止面談而另約時間來完成它，你也可以溫和地提示一些相關訊息給學生，而這些訊息是你在進行成人面談時所獲得的。

### 界定有關的行為

第二個部分提供了一個界定危機行為的機會。我們必須鼓勵學生將所有他（她）認為有危機的行為（「這些行為讓你陷入困境中」）列出來，而不單單只是最有危機的行為。特別是如果當行為的範圍或類型是已經知道的，簡單的提示可能是必要的。對學生導向的面談而言，將行為列出來是需要的。而行為的操作型定義應該留給那些提供支持的協助人員在功能評鑑面談時完成。

### 界定危機行為發生的脈絡

第三部分提供了一個機會確定危機行為最常發生的時間與地點。學生每日行事曆矩陣（見圖2.3）讓學生記下或指出危機行為出現的時間、地點或活動。除此之外，學生被要求評估此脈絡（也就是可能會產生危機行為的時間或活動）的困難度，在量表記下刻度1（表示最不困難）至刻度6（最困難）。脈絡被評定為4或4以上，則需要進一步的面談。

### 發展摘要陳述

在這個部分幫助你對每一個行為的個別脈絡或主要功能，發

## 學生每日行事曆

請你在發生我們所提及之危機行為之時間及課堂欄內打「×」。如果在某個時段你遭遇許多問題，請在6 或接近6 的欄內填上「×」。如果在課堂或下課時間很少發生問題，請在1 或接近1 的欄內打「×」。我們可以在正式開始前，先練習一兩個項目。

| 科目 | 上學前 | 第一堂 | 下課 | 第二堂 | 下課 | 第三堂 | 下課 | 第四堂 | 午餐 | 第五堂 | 下課 | 第六堂 | 下課 | 第七堂 | 下課 | 第八堂 | 放學後 |
| 老師 | 無 | 數學 Horner | 無 | 自然 Wolf | 無 | 閱讀 Welch | 無 | 體育 Egan | 無 | 社會科 Gibb | 無 | 採購 Bix | 無 | 自習時間 Misuka | 無 | 空堂時間 — | 無 |
|---|---|---|---|---|---|---|---|---|---|---|---|---|---|---|---|---|---|
| 最困擾 6 | | | | | | | | × | | | | | | | | | |
| 5 | | | | | | × | | | | | | | | × | | | |
| 4 | | | | | | | | | | | | | | | | | |
| 3 | | × | | × | | | | | | × | | × | | | | | |
| 2 | | | × | | × | | × | | × | | × | | × | | × | | |
| 最不困擾 1 | × | | | | | | | | | | | | | | | | |

圖 2.3　每日行事曆矩陣範例（取自學生導向功能評鑑面談）

展出特定的假設性陳述。藉由詢問有關場地事件、預測因素及維持結果等結構性的問題，與學生一同發展出摘要陳述的「畫面」（pictures）。每一個摘要陳述的組成成分描述如下：

界定什麼造成行為的開始或停止。除了確定危機行為的一般脈絡，你也可以對於危機行為發生的特殊情境提出相關的問題。你可以問學生：「什麼重要事件促使行為發生？什麼事件出現則危機行為停止？」你可以記下事件或活動的變數，例如行事曆或娛樂的預測性；課程的變數，例如工作的困難度或有限的選擇；社交性的變數，像是老師的要求或同儕的譏笑；及背景的變數，像是太疲累、生病或飢餓，這些變數時常會引起危機行為，從學生的觀點瞭解彼此的關聯，對於決定危機行為的前因有很大的幫助。

其中一個或更多的變數可能較其他都來得重要，譬如行為可能發生在困難的工作出現時，並不管誰出現或在何地出現？請記住將預測因素事件結合起來是很重要的，因為危機行為可能主要發生在特定的課堂或活動中，與特定的老師在一起，或當學生正在做特定的工作時。

確認維持危機行為的結果／增強物。前面你已經得到與環境相關變數的訊息，可以預測危機行為發生；現在，你要學習的是這些行為對學生而言是如何運作的，我們假設任何行為持續地表現是為了導致某些喜歡的結果。這裡有兩種功能或結果的主要類型：獲得喜歡的東西或逃避不喜歡的東西。能夠從學生的觀點去確定行為的功能可以幫助你建立支持策略，像是教導或增進喜歡的行為，它們可以替代相關的行為。

### 發展描述危機行為情境的一覽表

在這個部分，你應該畫出一覽表，勾勒出危機行為的情境，

包括有：(1)相關的場地事件；(2)相關的預測因素；(3)危機行為；及(4)維持行為的結果。除此之外，應該還要包括：在問題情境中學生應該表現出何種適當的行為（像是完成交代的工作或是專心聽課），和一個或更多的替代性行為，使學生可以獲得和危機行為同樣的結果（例如：舉手得到協助或注意）。圖2.4是一覽表的例子（請留意我們將在第三章以評鑑資料為基礎發展計畫性的策略，更仔細地討論此「相對的行為」一覽表）。

## 確認支持計畫的重要特徵和潛在的替代行為

在這個部分，以你所確認的每一個不同種類行為之間的關聯（見圖2.5中的例子），簡短地列出方案的策略。完成此表格可以幫助你從不同的觀點開始著手，瞭解不同的策略如何運作，以防止和／或再介入問題情境。在面談中，引導學生認為自己可以提升適當的行為並降低危機行為發生。可以提醒學生確認改變脈絡的方法（像是重新安排課堂的分配、花更多時間完成作業、在晚上多補充睡眠、吃一頓營養的早餐）、防止危機行為的方法（較簡短的工作、從老師那兒得到更多的幫助）、增加期望的行為或教導替代行為的方法（像是練習替代行為）、當危機行為出現時必須做什麼（減少特權、轉介分配），以及當期望或替代的行為出現時必須做什麼（讚賞或特別的獎賞）。

學生可以使用溝通的回應作為問題解決的替代性方法，像是舉手和請求幫忙，而不是大聲喊叫、亂丟東西或破壞東西。除此之外，一個學生在他（她）原有的功能中，可能有其他的行為可以替代危機行為，舉例來說，如果一個學生以製造噪音來獲得同儕的注意，你可以教導他（她）等待作業完成後，才與同儕互動。

圖2.5是一個學生導向功能評鑑面談的例子，是由中學老師

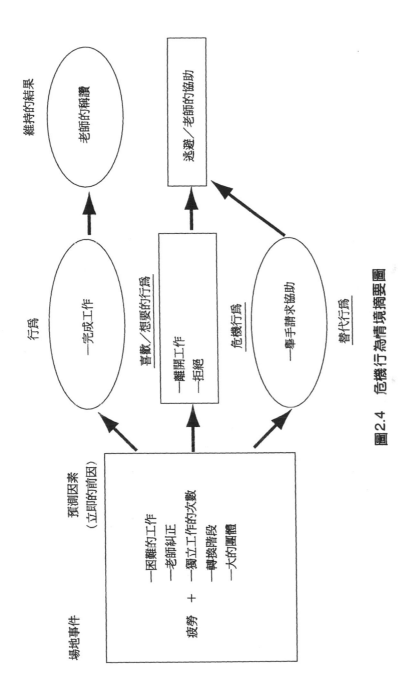

圖2.4 危機行為情境摘要圖

## 學生導向功能評鑑面談

學生姓名：James

轉介老師：Ms. Rodriguez

面談員：Jane S.

日　期：2-16-96

I. 開場白。「我們今天面談的目的是在設法找出改變學校的方法，使你更喜歡它。這次面談大約要進行半小時。如果你誠實地回答，我將儘可能幫助你。我不會詢問你任何會讓你惹上麻煩的問題。」

> 幫助學生界定其在學校或課堂中會產生問題之特定行為。運用建議和重述，幫助學生釐清其觀念。你應有一份由轉介老師提供之行為清單。

II. 確認有關的行為。* 「你的哪種行為會使你惹上麻煩或形成問題？」（提示：遲到？上課說話？沒作功課？打架？）

行為　　　　　　說明

1. 離開工作（在房間內四處張望、來回走動）
2. 拒絕（說「不，我不想要」）
3.
4.
5.

III. 完成學生行事曆。使用「學生每日日行事曆」界定出學生產生危機行為之時間及課程，將重點置於最容易產生危機行為之時段。

**進行面談之其他部分時，以左邊之號碼為代號，界定危機行為。

圖 2.5　學生導向功能評鑑範例

# 學生每日行事曆

請你在發生我們所提及之危機行為之時間及課堂欄內打「×」。如果在某個時段你遭遇許多問題，請在6或接近6的欄內填上「×」。如果在某課堂堂或下課時間很少發生問題，請在1或接近1的欄內打「×」。我們可以在正式開始前，先練習兩個項目。

| 科目<br>老師 | 上學前<br>無<br>無 | 第一堂<br>閱讀<br>Hall | 下課<br>無<br>無 | 第二堂<br>數學<br>Jones | 下課<br>無<br>無 | 第三堂<br>自然<br>Elliot | 下課<br>無<br>無 | 第四堂<br>體育<br>Bendix | 午餐<br>無<br>無 | 第五堂<br>社會<br>Smith | 下課<br>無<br>無 | 第六堂<br>音樂<br>Best | 下課<br>無<br>無 | 第七堂<br>自習時間<br>Ogan | 下課<br>無<br>無 | 第八堂<br>專題<br>Matthew | 放學後<br>無<br>無 |
|---|---|---|---|---|---|---|---|---|---|---|---|---|---|---|---|---|---|
| 最困難 6 | | × | | × | | | | | | | | | | | | | |
| 5 | | | | | | | | | | × | | | | | | × | |
| 4 | | | × | | × | | × | × | | | | | | | | | |
| 3 | | | | | | | | | | | × | × | × | | × | | |
| 2 | | | | | | × | | | × | | | | | × | | | |
| 最不困難 1 | × | | | | | | | | | | | | | | | | × |

（續）圖2.5　學生導向功能評鑑面談範例

## 預測因素摘要陳述表

活動或事件　　之前發生了什麼?

| 行為 | 之後發生了什麼?(維持的結果) |
| --- | --- |

當 James 疲累
或要混亂時

老師提出是
一困難的工作
一需要長時間單獨完成的工作　②

James
拒絕工作或
離開工作時的行為　①

為了避免完成工作和獲得
老師的注意和幫助　③

依號碼序(由危機行為開始,接著是足預測因素……)完成摘要陳述之流程。將下列各項視為項完成摘要陳述之可能因素。每一新的成果,填立一份新的摘要陳述表。

與危機行為相關之重要
事件或活動

引發危機行為之成因

危機行為之歸類?

你從危機行為獲得的

**引發危機行為之成因**

上課時之要求:
一太難 (✓)
一無聊 ( )
一不清楚 ( )
一冗長 (✓)
老師之斥責 ( )
同儕嘲笑 ( )
同儕鼓噪 ( )
其他 (✓) 老師不當糾正錯誤

**與危機行為相關之重要事件或活動**

睡眠不足 (✓)
生病 ( )
身體疼痛 ( )
飢餓 ( )
家庭方面的困擾 ( )
與同儕打架/衝突 ( )
噪音/分心 (✓)
活動/教室 (✓) 座位安排

**危機行為之歸類?**

遲到 ( )
上課講話 ( )
停止活動 ( )
不當言辭 ( )
不敬行為 (✓)
破壞公物 ( )
攜械 ( )
坐立不安 ( )
未完成課業 ( )
偷竊 ( )
威脅 ( )
野蠻行為 ( )
其他 (✓) 四處漫遊和走動

**你從危機行為獲得的**

逃避/避免
一老師之要求 (✓)
一老師之斥責 ( )
一老師之糾正 ( )
一與同儕接觸(嘲笑 ( )
一工作(困難,冗長 (✓)
引起注意
一老師 ( )
一同儕 ( )
一從老師或成人 (✓)
獲得活動或東西
一遊戲 ( )
一玩具 ( )
一食物 ( )
一金錢 ( )
一工作 ( )

(續) 圖2.5　學生導向功能評鑑面談範例

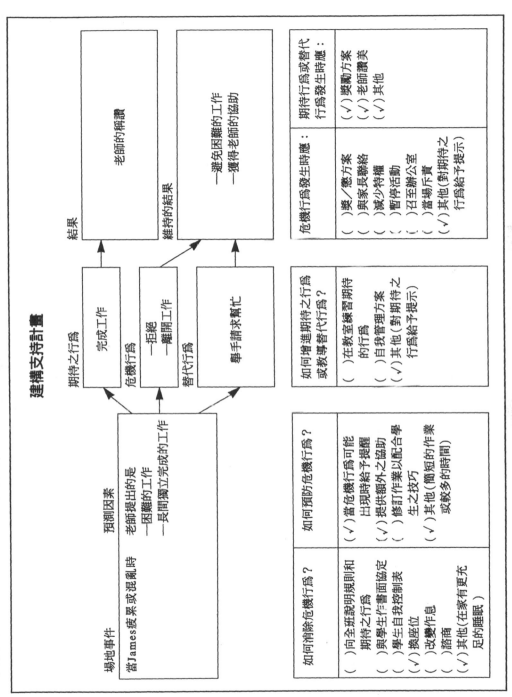

**建構支持計畫**

| 場地事件 | 預測因素 | 期待之行為 | 結果 |
|---|---|---|---|

當James疲累或混亂時

老師提出的是
—困難的工作
—長間獨立完成的工作

期待之行為
**完成工作**

結果
**老師的稱讚**

危機行為
**—拒絕**
**—離開工作**

替代行為
**舉手請求幫忙**

維持的結果
**—避免困難的工作**
**—獲得老師的協助**

---

**如何消除危機行為？**

( ) 向全班說明規則和期待之行為
( ) 與學生作書面協定
( ) 學生自我控制表
(✓) 換座位
( ) 改變作息
( ) 諮商
(✓) 其他(在家有更充足的睡眠)

**如何預防危機行為？**

(✓) 當危機行為可能出現時給予提醒
(✓) 提供額外之協助
( ) 修訂作業以配合學生之技巧
(✓) 其他(簡短的作業或較多的時間)

**如何增進期待之行為或教導替代行為？**

( ) 在教室練習期待的行為
( ) 自我管理方案
(✓) 其他(對期待之行為給予提示)

**危機行為發生時應：**

( ) 獎／懲方案
( ) 與家長聯絡
( ) 減少特權
( ) 暫停活動
( ) 召至辦公室
( ) 當場斥責
(✓) 其他(對期待之行為給予提示)

**期待行為或替代行為發生時應：**

(✓) 獎勵方案
(✓) 老師讚美
(✓) 其他

**（續） 圖2.5　學生導向功能評鑑面談範例**

與學生James一同完成的,閱讀此面談,並謹記之前描述的主要結果。

## 學生導向功能評鑑面談的正確性

一旦面談完成,你將會有大量有關學生本身的資料及他(她)對支持計畫的提議。在面談資料蒐集及摘要之後,你需要將從成人及學生所獲得的資料做一比較,你可能會發現受訪者在環境、行為功能或支持計畫提議等的細部描述不可能完全一樣的。如果有實質上(相當的)的不同,直接觀察蒐集的資料可以幫助我們解決這個困惑,我們建議不管成人或學生的資料是多麼一致,仍要確認面談及觀察所得的資料是否一致。

不管你已經使用哪一種類型的面談,你必須決定下一個步驟如何繼續蒐集資料:系統性的直接觀察和系統性操作的可能性。要做這個決定,將視你從面談過程中所建構的摘要陳述的信心而定。我們發現複雜的危機行為需要藉由直接觀察,以便確認初步的摘要陳述是正確的,對於真正確認事情的發生,這是無可代替的。正因為這樣,我們認為面談資料可以以系統性直接觀察來做補充(別忘了在專欄1.1結果5)。在下一節,我們要呈現一種表格和過程,其對於處理這類的觀察是很有效率和有效的。

# 直接觀察

直接觀察是功能評鑑過程的重要部分。這個過程的最後結果是蒐集直接觀察的資料,以確認和澄清有關預測及維持危機行為

的摘要陳述。在資料提供者無法提供清楚和有價值的資料的情況下，直接觀察所獲得的資料將為摘要陳述或假設提供一個基礎，可引導支持計畫的發展。

為了能夠提供清楚有用的資料，並減輕負責蒐集資料者的負擔，應建構直接觀察的過程。要平衡此情況，我們的策略是：運用功能評鑑面談的結果，引導直接觀察的過程，在這個部分，我們要描述功能評鑑觀察表（Functional Assessment Observation Form, FAO）及使用的過程。

## 讓它簡單一些

當發生不喜歡的行為時，你可能已經很熟悉運用各種不同的方法蒐集資料，譬如軼事或書面的描述、意外事件的報告、頻率的計算、間隔記錄系統（interval recording system）和前因—行為—結果（A-B-C）之間的關係等方式。雖然這些都很有用，但似乎不容易使用，也很難作成摘要陳述。FAO 的格式及以下描述的過程，是環繞著直接記錄程序而設計的，只有當與目標行為有關的事件出現時才記錄在表格上，這個表格的結構是希望能獲得最多的綜合資料，但這些資料卻不需要透過漫長的記錄或摘要、和書面軼事的描述才能獲得。這個表格同時考慮到長期追蹤行為的模式。

## 何時與何地做觀察？

使用 FAO 蒐集資料，儘可能每天含括許多場合及許多時間來做成記錄。將表格分開複印，使用在許多場合中——一張用在學

校、一張用在家中、一張用在工作場所中，或是可以單獨使用一張表格，其中包括個案在各個場合中的資料。當此表格使用在一個特定的場合時，資料的蒐集則包括個案在某場合中所有時間內發生的事情。並且，儘可能地蒐集一天中不同場合及時間內的資料是非常重要的，使用大範圍的基礎資料，可以幫助你確認在何地或何時危機行為是否會發生。

FAO 表格的設計通常使用於監督發生頻率較低的行為（每天少於二十次）。對這類行為，觀察和資料記錄的時間可以持續久一點，而不會妨礙提供支持者正在進行的工作表現。當危機行為或行為事件以很高的頻率出現時，FAO 表格則需要修正，因為 FAO 表格試圖在每天每一事件發生後立即記錄，使得支持協助人員資料蒐集的責任負荷過重，此時寧可採用時間取樣的方法，以減輕協助人員的負擔。資料只需要在某個特定的、較短的一段時間內，例如一個小時內以十五分鐘為間隔做觀察並記錄即可。如果可能，運用多一些協助人員，以時間取樣作觀察和記錄資料。對於發生頻率高的行為，在短時間內會有大量機會觀察目標行為的發生，此時，時間取樣可以擴展至一天，並橫跨不同的場地，才能對行為的模式提供一個清楚的畫面。行為支持方面的參考書，提供了一些特定的例子，有助於瞭解如何觀察高頻率的危機行為（見附錄 A ， Wolery, Bailey, & Sugai, 1988 ）。

## 誰做觀察？

危機行為的資料應該由與個案直接接觸的人來蒐集，例如老師、居住上或工作上提供支持者、父母親和家庭成員。如果有多人一起記錄，要確定每一個人都非常熟悉資料蒐集的原則和過

程。為了讓觀察員更熟悉以FAO表格蒐集資料，使用前的訓練和經常持續進行的支持和排解難題是必要的。為了避免多位提供支持者同時出現而產生問題和混淆情境，（例如在教室裡），指定一人在某一特定時段內（一天或一星期）負責在表格上記錄。學校、工作場所和家中的協助人員，通常經過約四十五分鐘的訓練課程，就能正確地蒐集FAO資料。

## 蒐集直接觀察的資料需要花費的時間？

理想上，觀察資料的蒐集應該一直持續到行為、環境情境、事件間的關係有清楚的模式出現，以及行為的潛在功能的陳述獲得確立其存在或不存在。通常，要達到這一點最少需要蒐集十五至二十個目標行為的出現，我們建議資料的蒐集最少要二至五天。然而，行為發生的頻率將影響我們蒐集觀察資料時間的長短，資料的蒐集將視我們觀察的行為與環境之間的關係，是否得到一致性及澄清，而決定是否超過二至五天。

在斟酌要花費多長的時間蒐集直接觀察的資料時，必須先有「行為和環境情況會隨著時間改變」的認知。功能評鑑的過程並不是一蹴可幾的過程。在行為支持過程中，定期或持續地以直接觀察蒐集功能評鑑的資料，是很有助益的。我們知道FAO已經用於定期進行資料蒐集的必要過程。

## 功能評鑑觀察表能做什麼？

FAO提供了與危機行為有關的前因和結果的關係。這個表格圍繞著危機行為事件（problem behavior events）來建構，這裡指

的事件（event）不同於一個單獨發生的危機行為。一個事件包括了在整個事件中所有的危機行為，從一個危機行為開始到結束後至少三分鐘內沒有再出現危機行為。也就是說，一個危機行為事件可能是：(1)一個單獨、短暫的尖叫事件；(2)一個持續五分鐘，連續的尖叫聲事件；(3)一個持續十分鐘的事件，包括好幾個危機行為，每一個行為出現的時間有重疊。計算事件比嘗試計算危機行為出現的確實頻率（例如敲頭的次數）或持續性（例如尖叫聲），更簡單、精確和更具訊息性。

　　FAO 指認出：(1)危機行為事件的數目；(2)一起發生的危機行為；(3)何時是危機行為事件發生最多與最少的時間；(4)預測危機行為發生的事件；(5)知覺有關危機行為維持的功能；(6)伴隨危機行為事件實際的結果。在確認和澄清摘要陳述時，聚集這些片斷的訊息是很有用的。在大多數的案例，我們發現從 FAO 可以提供足夠的訊息，讓我們有信心邁向發展行為支持計畫。

## 功能評鑑觀察表的內容

　　FAO 有八個主要的部分（見圖2.6），在附錄 D 有一空白的格式，每一部分分別描述如下：

### A 部分：姓名／日期

　　在 A 部分，呈現的是誰被觀察及蒐集資料的日期，請留意一張表格可以重複很多天使用。

### B 部分：時間區間

　　B 部分分成幾個空格，可以用來指出特定的間隔（一小時、半小時、十五分鐘），我們列出觀察發生的一段時間和場地／活動事件，視個案每天的行事曆而以不同的形式做安排；例如：對

功能評鑑觀察表

姓名：

開始日期：　　　　結束日期：

時間

行為

預測因素

覺知的功能

實際的結果　事件發生則註解（如無則簽同名）

逃避／避免：其他／不知道、人（活動）、要求／請求
獲得：自我刺激、期待的事物／活動、注意
預測因素：獨自（沒有人注意）、干擾、轉換、困難的工作、要求／請求

事件：1 2 3 4 5 6 7 8 9 10 11 12 13 14 15 16 17 18 19 20 21 22 23 24 25

日期：

總計

圖2.6　功能評鑑觀察表

一個學生而言，你可能列出課堂時間及內容（舉例來說，8:30-9:00，集會；9:05-9:50，語文藝術；9:55-10:40，電腦課；11:45-12:30，午餐；1:25-3:00，職業訓練），對一個成人在較少結構性的家庭場所中，你可以視個人典型的行為模式或典型的行事曆而定，列出時間區間（3:00-4:00；4:00-5:00；5:00-6:00），你可能想要在空格中用不相等的間隔，像是在忙碌的早晨例行性事物以每十五分鐘為一個間隔，在晚上危機行為的頻率較少時以二小時為一個間隔，如果目標行為在某段特定的期間或活動中出現的頻率很高，在那段期間，多重的空格可以使用來記錄資料。在此表格下方的一行是用來摘要被界定的行為或事件發生的總頻率。

## C 部分：行為

在 C 部分，列出已經認定要監督的個案的行為，這些目標行為必須是你與相關人面談時所認定的。你也可以決定列出正向（positive）的行為，例如適當的溝通反應。而此表格在監督行為上是非常有彈性的，舉例來說，如果一個很特殊的行為（戳眼睛或攻擊）在低強度（low-intensity）和高強度（high-intensity）的格式中出現，你可以將此行為視為單獨出現的行為列在表格中，再去確認發生的行為模式是不同的或相似的。當幾個行為規律地一起發生時，你可以以某單一行為記錄（跌倒在地上、尖叫、以腳踢和以手打擊地板，可能都記錄在發脾氣之下），然而，將某些行為分類在一起做記錄要非常小心。透過FAO獲得的訊息是很有用的，在個體的行為中，有些傾向一起發生，有些則不會。最初認為某些行為一定會一起發生，卻未能在直接觀察資料中獲得支持。

## D部分：預測因素

在D部分，列出在面談中，確認預測產生危機行為潛在因素中的重要事件或刺激（見本書前面所描述的FAI及界定一般場地事件和特定的前因刺激），像是典型的事件正好出現或發生在危機行為之前或同一個時候。在FAO表格中已經列出幾個潛在的預測因素，這些預測因素是記載於有關危機行為產生的研究文獻，和我們臨床經驗中時常發現的，包括要求／請求、困難的工作、轉換（從一個地點轉換至另一個地點或從一個活動轉換至另一個活動）、干擾、獨自一人（沒有獲得注意）。另外的空白格子讓你列出一些潛在的預測因素，特別是你所觀察到的，這些可能包括不同支持個案的人出現；特別的活動或工作；吵雜、行事曆改變或混亂的情況；特定的同學、室友或工作夥伴出現。當記錄資料無法認定與危機行為發生有關的特殊場地事件或前因刺激時，你也可以在欄位上寫「不知道」或「不清楚」。

## E部分：覺知的功能

在討論FAI的D部分和圖2.1時，須提出功能評鑑，就維持的結果而言，它是一個界定危機行為功能的過程。在E部分，我們要求觀察員對於事件的發生，及他們所知覺到行為表面上的功能儘可能去做「最好的猜測」（best guess），換句話說，就是留意你認為個案為何會這樣做。在這個部分有兩個主要的範圍：獲得想要的東西和逃避／避免不想要的東西，在表格中所指特定的「東西」（thing）將視在面談過程中所蒐集的訊息而定，然而，預測因素這個部分，在表格中列出幾項個案透過危機行為獲得或逃避的結果，這些結果包括獲得注意、特定的項目或活動（你可以列出特定的項目或活動），和自我刺激（self-stimulation）；逃避或避免要求／請求、特定的活動或人。「不知道」的欄位則是當

觀察者不確定所觀察到行為可能的功能時填寫用。

將焦點放在行為所帶來特定的結果和判斷行為的功能，對許多人來說是新的概念，人們時常習慣將危機行為的發生歸因為個人的「人格特質」或貼上障礙的標籤（舉例來說，「她很喜歡傷害他人，因為她是很殘忍的」、「他這麼做是因為他很生氣」、「他這麼做因為他有自閉症」），因為這樣的傾向，有些觀察員可能需要重複的解釋和額外的幫助去瞭解這個部分的重要目的，我們相信當我們愈是認為危機行為存在的功能性因素，而不是認為行為的發生是因為個人的人格特質或特徵，我們會愈尊重個案。

## F 部分：實際的結果

在 F 部分是依據危機行為所帶來的實際結果而記錄資料。舉例來說，個案被告知「不可以」，要他暫停活動，此時他是被忽略的，這個訊息可能給你一些想法，它與提供的特定結果是一致的，同時，它也更進一步對危機行為的潛在功能提供線索，譬如說，如果在暫停活動的過程中出現了危機行為，它顯示出動機性的逃避，「將學生暫停活動」實際上可能增強了他的行為。

## G 部分：註解

在這部分，觀察員可依據每一個時段中所發生的行為寫下簡短的註解。亦建議如果在這個時段裡沒有觀察到目標行為，觀察員則在這個空白格子簽名。這個練習證明了在進行持續觀察的過程中，沒有觀察到危機行為的出現。如同我們先前提到的，知道何時、何種情況下危機行為不會發生是非常寶貴的訊息。

## H 部分：事件和日期的記錄

在 H 部分，數字的設計目的是幫助觀察員追蹤已經發生危機行為事件的數量，和這些被觀察事件發生的日期。這些數量用來顯示出每一事件有一個或更多的危機行為。第一個時段一個行為

或意外事件發生，資料記錄員應該在此表格中，以1做為適當的標記，確認為第一個記錄的行為事件，在H部分「事件」這一行中數字1將被劃掉。下一個危機行為的發生，將在此表格每一部分適切的格子內，以下一個數字記錄（2指的是第二件發生的行為，3指的是第三件發生的行為，以此類推），每一個時間有一個數字會被用到，它會被劃掉。當完成特定一天的記錄時，在最後一個數字劃上一個切割線，並在這一行記錄下當天的日期，以指出事情發生的正確日期。在第二天資料的蒐集中，第一件事件的發生，在這行中將以下一個未被使用過的數字記錄（像是5或6），繼續以下的數字記錄（7、8、9、10），對每一個事件或目標行為的發生，使用數字的方法，能夠促使你將特定前因、功能和行為帶來的結果串連起來。如果同一張紙重複使用許多天，在日期那一行做記錄可以幫助你看到哪些事件發生在哪些特定的日子中。這樣的訊息，有助於你發現隨著特定時間而出現的時間模式，或證實別人告訴你有關個案的行為方式在某一特定日子會與往常不同（舉例來說，「她的行為總是在星期一特別糟糕」）。**專欄2.2** 摘要說明了以FAO蒐集資料的步驟。**圖2.7** 呈現了一個表格，其中行為、預測因素、覺知的功能，和實際結果已經填入並準備使用了。

　　簡短地分析和解釋FAO（圖2.7）所呈現的資料，就揭露了幾個重要的訊息。Joe被觀察了兩天（3/16和3/17），其中總共有十七個危機行為事件被記錄（見最底下事件這一行），三種危機行為被觀察：打別人一巴掌、在桌上吐口水和尖叫，與Joe一起工作的教室助教：Marsha、Bill和John三個人的預測因素增列在表格中做為觀察資料，對Joe而言實際的結果是被阻止和改正或忽略其行為，在時間欄顯示了蒐集資料的學校課堂時間。

## 專欄2.2　建立功能評鑑觀察表的步驟

1. 寫下基本資料和觀察日期。
2. 在此表格的左半邊列出時間區間和場地或活動。
3. 列出監督的行為。
4. 在預測因素這部分，列出潛在有關的場地事件和／或立即的前因事件。
5. 如果必要，在覺知的功能部分，列出任何行為的可能功能。
6. 列出行為發生時，經常帶來的實際結果。

　　觀察發生的危機行為所獲得的資料顯示了清楚的模式。先看第一個涉及危機行為的事件，被編碼為1，第一個事件包括了打別人和尖叫（1在兩個欄位裡），在閱讀課（1寫在8:50-9:35這一行中）被要求／請求時發生，此時，Marsha與Joe一起工作（見這個時段中1寫在Marsha之下），她採取阻止／修正的方式，覺知到的功能是要逃避被要求／請求。

　　再來看整體的模式，我們看到打人（在二天內發生十二次）和尖叫（發生九次）時常一起發生，但並不是一起發生（見事件3、4、和5）。這個發現使我們想到了這兩種行為具有同樣的回應程度和同樣的功能，對這兩個行為所覺知的功能是避免要求／請求。請注意在3/17科學課中曾經單獨發生尖叫（見編碼16的事件），預測因素是困難的工作，覺知到的功能是逃避工作，這個特殊的尖叫事件被忽略了，阻止和修正被使用在打人和尖叫的

功能評鑑觀察表

姓名：Joe

開始日期：3/16　　結束日期：3/17

| 時間 | 行為：打人/別人 | 吐口水 | 在桌上 | 覺知的功能—獲得：注意 | 期待的事物/活動 | 自我刺激 | 要求/請求 | 逃避/避免：活動 | 人 | 其他/不知道 | 預測因素：要求/請求 | 困難的工作 | 轉換 | 獨自一人(沒有注意) | Marsha | Bill | John | 實際的結果：忽略 | 修正 | 阻止/無任何反應 | 註（事件解釋，如主發生/任同名） |
|---|---|---|---|---|---|---|---|---|---|---|---|---|---|---|---|---|---|---|---|---|---|
| 8:50-9:35 閱讀課 | 1 11 | 2 10 | | 2 10 | | | 1 11 | | | 2 10 | 1 11 | | 2 10 | | 1 11 | | | 1 11 | | | 2-獨自閱讀 10-獨自閱讀 |
| 9:40-10:25 語文藝術課 | 3 4 5 12 13 | 12 | | | | | 3 4 5 12 13 | | | 3 4 5 12 13 | 3 4 5 12 13 | | | | 3 4 5 12 13 | | | | 3 4 5 12 13 | | |
| 10:30-11:15 講座 | | | | | | | | | | | | | | | | | | | | | |
| 11:20-12:05 數學課 | 6 7 | 14 | | 14 | | | 6 7 | | | 14 | 6 7 | | 14 | | 6 7 | | | | 6 7 | | M.G. |
| 12:05-12:50 午餐 | | | | | | | | | | | | | | | | | | | | | |
| 12:55-1:40 社會課 | 8 15 | | | | | | 8 15 | | | 8 15 | 8 15 | | | | 8 15 | | | | | 8 15 | 14-坐在椅子上工作　B.W. |
| 1:45-2:30 科學課 | 16 17 | 17 | | 9 | | | 16 17 | | | 9 16 17 | 9 | 16 | 9 | | | 16 17 | | 9 | | 16 17 | g.s. |
| 2:35-3:20 體育課 | 9 | | | | | | | | | | | | | | | | | | | | |
| 總計 | 12 | 4 | 9 | | | | | | | | | | | | | | | | | | |

事件：1 2 3 4 5 6 7 8 9 10 11 12 13 14 15 16 17 18 19 20 21 22 23 24 25

日期：3/16　　3/17

圖2.7　Joe 的功能評鑑觀察表

事件中。吐口水在桌上,這個行為被觀察到四次,被視為具有獲得注意的功能,預測因素的記錄是Joe單獨一個人工作(沒有獲得注意)。不管覺知到的功能是什麼,在註解這一欄中可發現觀察階段呈現出對事件2、10和14提供更進一步的訊息,而吐口水的行為是被學校工作人員忽視的。

## 使用功能評鑑觀察表

### 記錄

FAO表格的使用原理既容易懂又容易做。記錄是依據危機行為的出現,或包含與危機行為出現有關的事件。當危機行為發生在某一時間區間中,將適當的數字置於H部分合適的格子中(1是第一個發生的行為或事件,2是指第二個,3是指第三個,以此類推)。接著,注意此表格中水平的部分,將同樣的數字放在其他適當的位置上,當行為發生時,記錄出現的預測因素(場地事件和前因刺激),並覺知此行為的功能,和伴隨行為發生帶來的實際結果。最後,將H部分的數字劃掉,你可以很容易地看到哪一個數字下一次會被使用到。如果有必要做註解,將它寫在對應的註解格子中。除此之外,為了對觀察採取進一步的行動,觀察員可以在觀察結束時,在註解這一格中簽下名字,以免無法確認是誰在這個時段做觀察。在圖2.7的範例中,說明了數個危機行為發生時應如何做記錄。

相對地,如果危機行為發生的頻率不高,則儘可能對每一個行為的發生,記錄相關的訊息。在每一案例中,實際上行為發生頻率的計算可以從表格中得知。然而,有些危機行為可能以很激烈及很高的頻率發生(像是以很快速度連續幾次打擊頭部或摑

掌），或包括一個或多個危機行爲一起發生的事件（像是發了五分鐘的脾氣，包括趺倒在地板上、以腳踢、尖叫、連打幾次和企圖咬人），類似這樣的案例，觀察員應該要將整體或單一的事件編碼在表格中，也就是說，一個號碼代表這整個事件或單一的行爲，而整體的行爲或單一事件的頻率可以被決定，但使用這樣的方法，並不能表示每一個危機行爲眞實的頻率。

最後，對於那些發生頻率高的行爲，使用的表格必須以較短時間或甚至只發生一件事情或意外事件來作成記錄，這樣的方法大大的減少了相關資料蒐集的需求，但也可能導致訊息的遺漏。對這類案例，即使並非將所有發生的行爲都做記錄，但希望因爲高頻率的發生，而能出現清楚的畫面或脈絡。

不管使用哪一種方法做記錄，支持人員和觀察員應該要先能確保危機行爲者的健康、安全和支持需求，然後才能將注意轉移到記錄訊息在觀察表格上。資料的蒐集不要干擾傳送所需的支持或處遇。然而，所有可能伴隨危機行爲發生的訊息，負責蒐集資料的人應予以記錄，並確定資料的正確性和提防訊息的遺漏。已經使用過的蒐集資料的FAO表副本，應該要放在觀察員方便取得的地方，以便於做記錄，像是在附有紙夾的筆記本或放在老師桌上的檔案夾中。

如我們先前提到的，知道危機行爲在何處和何時不會發生是非常有用的。如果在某一時段中沒有危機行爲發生，我們建議觀察員可以在對應的註解欄中簽名，以指出那段時間有進行觀察。這樣做可以確認該段時間缺乏資料是因爲沒有危機行爲出現，或沒有人在做觀察。假使你要追蹤在那段時間發生了什麼事，觀察員的簽名可以讓你知道在那一段時間是誰在做觀察，**專欄2.3**摘要了在記錄過程的基本步驟。

専欄2.3　記錄功能評鑑觀察表的基本步驟

1.如果危機行為發生在記錄的時間區間中：

　a.在行為部分，記錄員在適當的欄位記下第一個未被使用
　　過的數字（從表格下方的H部分）。

　b.在預測因素、覺知功能和實際結果的部分，記錄員以
　　同樣的數字在適當的欄位做標記。

　c.在表格最底層所列出的數字中，記錄員劃掉剛剛使用的
　　數字。

　d.記錄員在註解欄寫下任何想補充的註解。

　e.在時間結束時，記錄員在註解欄中簽名。

2.如果危機行為沒有發生在記錄的間隔中：

　a.記錄員在那段時間的註解欄中簽下他（她）的名字，並
　　寫下任何想補充的註解。

**最初的訓練**

　　使用FAO的人，在獨立使用此表格之前需接受過訓練。訓練
應該要包括瞭解此表格的每個部分和如何使用它們，及在實際開
始觀察之前，練習記錄；同時，訓練也應該要包括有關觀察邏輯
和記錄過程的特殊資訊，這些包括表格上實際記錄的時間間隔、
確認負責記錄資料的人、表格將放置和保存在特定地方，及確定
有計畫的觀察時間表。一旦實際觀察開始，督導應該與觀察員討
論任何發生的議題或問題。在一天或兩天的實際觀察後，並不一
定需要修正觀察的表格或修正觀察過程。舉例來說，行為或預測

因素可能已經發生，但是在初期的面談和設定的格式中被忽略了，則需要增加在格式中；在持續的記錄過程中，行為或預測因素（困難的工作或轉換）則需要做更清楚的界定，程序（例如在何處保存此表格）可能需要修正。

## 建立表格、觀察和記錄的練習

接下來這部分將呈現：(1)危機行為個案（Yolanda Martin）的描述；(2)從面談中獲得用來建立FAO的訊息；(3)一系列危機行為事件的描述。在這個練習中，你的首要任務是建立FAO空白表格，如在圖2.8中呈現的相關訊息（姓名、日期、行為、預測因素、實際結果等等），接著，讀過每一個行為事件的描述，並將出現的行為記錄在表格上，使用適當的數字，並在適當的格子上做記號。

**基本的訊息**

Yolanda Martin，八歲，現在是三年級的學生，根據州政府和學區的規定，她被貼上了行為異常的標籤。在閱讀和語文上可以達到三年級的程度，但是在數學和其他科目則表現得較差。她至少願意與班上大部分的同學短暫的往來，但有兩三位同學被認為與危機行為的產生是很有關聯的。最近幾個月，Yolanda出現了較多破壞性的行為，包括了當她被要求時，口頭上的拒絕，在工作時，騷擾其他同學、尖叫、破壞工具，和試圖敲或打老師和其他同學。對Yolanda的父母和老師而言，這些行為引起特別的關切。

Yolanda將在學校接受持續觀察三天（1/30-2/1）。典型的學校行事曆包含如下：

功能評鑑觀察表

姓名：**A**

開始日期：
結束日期：

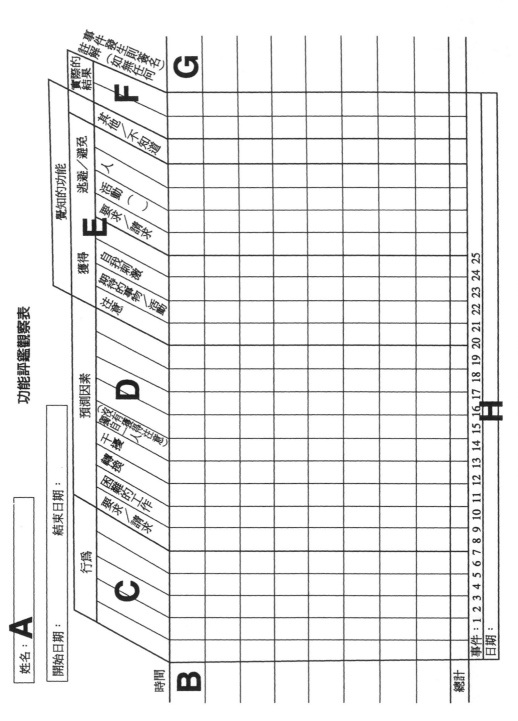

| | | 行為 **C** | | 預測因素 **D** | | | | | | 覺知的功能 **E** | | | | 實際的結果 **F** |
|---|---|---|---|---|---|---|---|---|---|---|---|---|---|---|
| 時間 **B** | | | | 困難的工作 | 干擾（單獨／被忽視） | 轉換 | 注意 | 獲得 自我刺激 期待的事物／活動 | | 獲得 要求／請求 人 | 逃避／避免 活動（ ） | 其他／不知道 | | 註解（如無則簽任何名） 事件發生前後 **G** |

事件：1 2 3 4 5 6 7 8 9 10 11 12 13 14 15 16 17 18 19 20 21 22 23 24 25 **H**

日期：

總計

圖2.8 練習用的空白功能評鑑觀察表

| | |
|---|---|
| 8:15-8:45 | 開始／籌備和安靜自修時間 |
| 8:45-9:45 | 閱讀／語言 |
| 9:45-10:45 | 自然科學／社會（全班／小團體） |
| 10:45-11:45 | 數學（團體，獨自運作） |
| 11:45-12:30 | 午餐和休息 |
| 12:30-1:30 | 閱讀故事 |
| 1:30-2:30 | 自我運用時間 |
| 2:30-3:15 | 藝術表演 |

　　根據功能評鑑面談，Yolanda 相關的基本行為，包括了尖叫、破壞東西，和敲／打老師和同學。有一些特定的預測因素被視為非常重要，包括接近「問題同儕」（problem peers），和上數學課。因為行為所帶來的實際結果，包括了口頭的糾正以及被安排坐在角落。在這個時候，你應該要完成這些基本的資料，並完成表格中的其他部分。

**行為事件**

　　以下的各項描述，分別界定了行為事件發生的時間、我們所看到的行為、觀察到的預測因素、老師認為行為會發生的原因，和實際結果。閱讀每一個描述，並在適當的格子中劃記。

1/30

事件1：上午8:34。Yolanda 大聲尖叫。沒有人與她一起交談或工作。功能是為了要獲得注意。對她的行為給予口頭糾正。

事件2：上午9:50。以腳踢同學。社會課。沒有清楚的功能／不知道。安置到角落。

事件3：上午11:15。撕書本。打老師的手臂。數學課。逃

避工作。口頭糾正。

事件4：下午2:11。大聲尖叫。自我運用時間。獲得注意。
忽視。

1/31

事件5：上午8:40。尖叫和打同學。沒有任何人和她一起說
話或工作。獲得注意。口頭的糾正和安置在角落。

事件6：上午10:48。尖叫和撥開桌上的書本。數學課。逃
避工作。口頭糾正。

事件7：下午12:45。踩老師的腳。閱讀故事。獲得注意。
口頭糾正。

事件8：下午1:42。對外大聲尖叫。自我運作時間。獲得注
意。口頭糾正。

2/1

事件9：上午11:40。撕紙。數學課。逃避工作。口頭糾
正。

事件10：下午12:15。打同學。獨自玩耍。獲得注意。口頭
糾正。

事件11：下午2:45。對外大聲尖叫。安靜的藝術放映。獲
得注意。口頭糾正。

　一旦你完成這個練習，可以將得到的結果與附錄E的表格做
比較。如果在表格中的結果與你完成練習的表格的結果有明顯的
差距，則需要重新閱讀這些文章，將你的答案與附錄E所完成的
範例做一比較，並確認和改善你所犯的錯誤。

# 解釋功能分析觀察表的資料

## 描述行為

　　尋找相關資料的初步問題是要偵測發生了什麼行為？在這些危機行為中，是否有任何一致性或模式出現。觀察的資料可以告訴你界定的行為發生的頻率。舉例來說，Yolanda 的資料指出了在這三天內，她尖叫了六次，破壞東西三次，對老師、同學表現出攻擊行為五次。這類資料同時也可以顯現行為之間重要的關係。我們的經驗顯示，個案很少只出現一種危機行為，他們通常出現不同類型的危機行為，像是自我傷害和攻擊，或他們可能以不同形式表現特定類型的行為，像是以撞擊頭部和刺手部自我傷害；特定的行為可能可以歸類成同一類（如前述面談部分所討論的）。這些行為通常以某種順序型態密切出現。個案可能時常在尖叫後，接著就丟東西；或是開始搖擺後，接著就刺手部。像這類的行為，可能是有類似的預測因素事件發生，並可能使個案得到類似的功能。舉例來說，從 Yolanda 的資料顯示，當 Yolanda 試圖獲得注意或逃避不喜歡的工作和活動時，尖叫和破壞東西的行為，及尖叫和攻擊的行為會一起發生。

## 預測行為

　　觀察資料應該能提供可預測行為是否會發生的情境因素和事件的訊息。首先要考慮的是時間和相關的活動，你可以看資料並決定是否能在特定的時間和活動中，找到有關行為更常或更少發生的模式。這個資料應該同時能夠提供更多與行為有關的特定事件或前因的訊息。這些可能包括表格中所謂的「標準化」事件（例如要求／請求）和依據面談所增加的項目（對 Yolanda 而言，

則增加了「問題同儕」)。

　　同時，Yolanda 的資料提供了一個範例。自我運用的時間和
其他的活動時間，幾乎沒有獲得注意，可能與尖叫的發生是有關
聯的，明顯地，個案被要求做不喜歡的數學與破壞東西、一次的
攻擊行為是有關聯的。相對地，其他時段則沒有出現危機行為
（像是閱讀／語文）。這些資料讓我們在確認能夠預測危機行為是
否發生的時間、活動和事件之間的一致性變得可能。

### 決定行為的功能（維持的結果／增強物）

　　我們要使用評鑑訊息在發展方案和支持策略上，學習維持行
為的增強物是關鍵的因素。舉例來說，有一個案為了得到實質的
項目或東西，做了自我傷害或攻擊的行為，如果考慮各種處遇方
式的可能性，這個個案可能被教導更多適合的替代方法，以達到
同樣的結果（也就是說，適當的溝通）。除此之外，在喜歡的項
目中，可以用來做為適當行為的連續增強物，同時也可以以不連
續為基礎提供增強，以降低危機行為出現的機會。

　　在表格中的「覺知的功能」和「實際結果」部分，可以對潛
在的功能和維持的增強物提供最直接的訊息。Yolanda 的資料提
供了一個範例。在覺知功能的部分，觀察員指出她的行為提供了
兩個基本的功能：(1)獲得注意；和(2)逃避不喜歡工作的要求。
提供實際的結果是很重要的。在一些事件中，覺知到的功能是獲
得注意，Yolanda 被以口頭糾正回到活動中，這樣的糾正行為可
能被當作另一種形式的增強性注意，當我們計畫處遇的策略時，
需要考慮這一點。

　　Yolanda 的資料說明了很重要的主題。正如文獻研究和我們
的經驗顯示，個案很少只從事單一種危機行為，許多個案往往在
不同時間，因不同原因而出現危機行為。也就是說，對有些人而

言，危機行為可能同時具有多重的功能。有時候，他們可能表現出同樣的行為獲得不同型態的增強結果，像是尖叫同時可以獲得注意和避免不喜歡的活動；其他人可能用不同的行為獲得不同的增強，像是尖叫可以獲得注意，而打或踢人可以逃避不喜歡的要求，像這樣一些不同類型的模式是可以被確認的。重要的是針對特殊個體所存在的行為發展出詳細和完整的模式藍圖，以便發展並實施計畫策略，而這些策略是針對個案所有有關的行為和維持的增強物而來的。

## 確認或修正原始的摘要陳述

當你檢視觀察資料時，很重要的是在你心中要有一整體的看法。將注意力放在表格中特定部分是很重要的，但是，對於可能發生的行為、預測因素和覺知的功能之間一致性的模式也是非常關鍵的。蒐集觀察資料的一個重要目的，是允許我們確認、否定、修正或補充我們依據面談和提供的訊息所發展出的原始摘要陳述。一旦你已經蒐集和分析足夠的資料，接著，你可以決定最初對於相關的情境、行為和維持增強的概念是否正確，或是否需修正。舉例來說，有些時候，直接觀察的訊息卻指出某些行為並未如記錄發生，或是觀察時可能出現額外的行為和情形，但這些資料在最初資料提供者並沒有清楚的確認。這樣澄清的過程對於選擇和完成計畫策略是很重要的步驟。**專欄2.4**中，對於我們在閱讀和解釋FAO表格中所蒐集到的資料，提供了基本的方針。

```
┌──────────────────────────────────────────────────┐
│                                                    │
│         專欄2.4   解釋FAO資料的基本方針              │
│                                                    │
│   方針1：檢視行為，決定哪一個行為正在發生，多久發生    │
│          一次，是否有一些或許多的行為規律地一起發      │
│          生。                                        │
│   方針2：檢視此表格，看看行為是否一致性地在某些特定    │
│          的時段發生，及特殊的預測因素與哪一特定的時    │
│          段所發生的特殊行為是否是一致的。             │
│   方針3：考慮此表格中覺知的因素和實際的結果部分，確    │
│          認不同行為的潛在功能和可能維持的結果。        │
│   方針4：依據觀察的資料，決定原始摘要陳述的有效性，    │
│          是否這些資料要修正或放棄，是否需要發展額外    │
│          的陳述。                                    │
│                                                    │
└──────────────────────────────────────────────────┘
```

## 分析直接觀察資料的範例

在這個部分，我們以直接觀察所彙集資料的範例，提供你在檢視、解釋資料，和發展摘要陳述上更多的練習。

**範例1：Erin**

第一個範例（圖2.9）提供Erin在工作場所中的資料，這個例子比較容易懂。在看完Erin的資料後，以資料為基礎，花幾分鐘的時間想想有關的摘要陳述，在下面的空格中寫下這些陳述，在空白處寫上「Erin的摘要陳述」。

一旦你做好這個部分，可以看看在附錄F所列出的摘要陳

## 功能評鑑觀察表

姓名：Erin

開始日期：3/18　　結束日期：3/20

| 時間 | 行為 | | | | 預測因素 | | | | | | | 覺知的功能（獲得） | | | 覺知的功能（逃避／避免） | | | | 實際的結果 | 註記 |
|---|---|---|---|---|---|---|---|---|---|---|---|---|---|---|---|---|---|---|---|---|
| | 詢咬、破壞 | 咬人／請求 | 戳刺、打人 | 喊叫 | 要求／請求 | 困難的工作 | 轉換 | 干擾（獨自活動、過渡、等待） | Jennifer | Jeff | 不知道 | 注意 | 期待的事物／活動 | 自我刺激 | 要求／需求 | 活動 | 人（　） | 其他／不知道 | 修正／忽略 | |
| 1:00 | 1,2,8,9 | | | | 1,2,8,9 | | | | 1,2,8,9 | | | | | | 1,2,8,9 | | | 1,2,8,9 | | |
| 1:30 | 3,10,14 | | | | 3,10,14 | | | | 3,10,14 | | | | | | 3,10,14 | | | 3,10,14 | | 9.A. 休息時間 |
| 2:00 | | | | | | | | | | | | | | | | | | | | |
| 2:30 | 4,11,12,15 | | | 11,15 | 4,11,12,15 | | | | 4,11,12,15 | | | | | | 4,11,12,15 | | | 4,11,12,15 | | 9.B. 喜歡的工作 → |
| 3:00 | | | | | | | | | | | | | | | | | | | | |
| 3:30 | 5,6,7,13 | | | 5,6 | 5,6,7 | | | | 5,6,7,13,16 | 13,16 | | | | | 5,6,7 | | | 5,6,7,13 | | |
| 4:00 | | | 16 | 16 | | | | | | | | | | | | | | 13,16 | 16 | |
| 總計 | 15 | | | 8 | 0 | | | | | | | | | | | | | | | |

事件：1 2 3 4 5 6 7 8 9 10 11 12 13 14 15 16 17 18 19 20 21 22 23 24 25

日期：3/18　　3/19　　3/20

圖2.9　Erin 的功能評鑑觀察表

| Erin 的摘要陳述 | | | |
|---|---|---|---|
| 場地事件 | 前因（預測因素） | 危機行為 | 維持的結果 |
| | | | |

述，並檢查你所寫的是否能與其吻合。

關於描述（description）部分，跌倒和破壞這兩個項目是發生的主要行為，有時伴隨喊叫的行為，有些其他的行為（敲或打別人）是在最初面談中所界定的行為，但並未觀察到，這部分資料的缺乏可能蘊涵著需要蒐集更多有關敲或打別人的訊息，或是必須要做更直接的觀察。

關於預測（predictors）部分，在三個特殊的時段（2:00、3:00和3:30）並沒有記錄，當時Erin正在休息或從事她喜歡的工作，行為發生的同時有兩位Erin的主要支持者在。大部分的行為是在Erin被要求時所記錄下來的，除了觀察員在的場合，不確定是否為一預測事件。

有關預測因素的訊息，記錄員瞭解行為是為Erin帶來「逃避要求」的功能，當工作人員重新糾正Erin去從事活動時，這個行為可能已經至少讓她可以暫時逃避工作或活動的要求。

這個訊息可能引導一些潛在計畫的策略，在Erin的工作或活動行事曆可能會有些改變，她可能會被教導或鼓勵用適當的溝通回應方式，取代跌倒和破壞的行為，她可能會被給予更多次短暫的休息，這一類的課題將在第四章討論。

**範例2：Peter**

　　有關Peter危機行爲的資料，大部分出現在他的家中，呈現在圖2.10中。如同你在Erin的例子中所作的，花一些時間閱讀Peter的資料，接著，寫下一些摘要陳述在「Peter的摘要陳述」的格子中，試著將你的陳述與附錄F所列出的陳述做一比較。

　　Peter的資料出現很有趣的模式，關於描述行爲部分，Peter持續出現的不是咬自己的手腕和抓／推，就是咬自己的手腕和打自己的臉。也就是，有兩種類型的行爲，兩者出現在一天中不同的時間，和不同的情境或脈絡中。咬手腕或抓的行爲的預測因素出現在工作人員爲他做的例行性修鬍子或自我照顧時；而咬和打臉行爲的預測因素則出現在沒有人注意他或與他互動的情境。這兩種類型的行爲功能是爲了要獲得注意（咬或打自己的臉），和逃避他不喜歡自我照顧的活動（咬或抓／推），得到主要的實際結果包括了工作人員打斷了Peter的行爲，並企圖重新導正他表現更適當的行爲。像這類的回應對於Peter偶爾出現的行爲可能提供了增強性的注意。

　　如同Erin的案例，可考慮Peter的情形做一些實用性的策略，包括了改變例行性自我照顧的方式，教導或提升更適當的替

| Peter 的摘要陳述 | | | |
|---|---|---|---|
| 場地事件 | 前因（預測因素） | 危機行爲 | 維持的結果 |
| | | | |

功能評鑑觀察表

姓名：Peter

開始日期：9/12　　結束日期：9/15

| 時間 | 行為：咬手腕 | 行為：打頭 | 行為：抓/推·要求/請求 | 預測因素：困難的工作 | 預測因素：轉換 | 預測因素：干擾/自己一人獨處 | 預測因素：修改/喜歡的事物活動被拿走·信賴 | 獲得：注意 | 獲得：想得到的事物/活動 | 獲得：自我刺激 | 逃避/避免：要求/請求 | 逃避/避免：活動·人 | 覺知的功能：其他/不知道 | 阻止/修正 | 實際的結果 | 註解/事件發生前簽名（如無任何簽名） |
|---|---|---|---|---|---|---|---|---|---|---|---|---|---|---|---|---|
| 8-9 | 1 2 8 9 13 | 1 2 8 9 13 16 | | | | | 1 2 8 9 13 16 | | | | 1 2 8 9 13 16 | | 1 2 8 9 13 16 | | n.r. | |
| 9-10 | 3 10 17 | | | 3 10 17 | | | 3 10 17 | | 3 10 17 | | | | 3 10 17 | | | |
| 10-11 | 4 14 | | | 4 14 18 | | | 4 14 18 | | 4 14 18 | | | | 4 14 18 | | | |
| 11-12 | 4 18 | | | | | | | | | | | | | | | |
| 12-1 | | | | | | | | | | | | | | | | |
| 1-2 | 5 6 11 15 | | | 5 6 11 15 | | | 5 6 11 15 | | 5 6 11 15 | | | | 5 6 11 15 | | n.r. | |
| 2-3 | 7 12 19 | | | 7 12 19 | | | 7 12 19 | | 7 12 19 | | | | 7 12 19 | | | |
| 總計 | 16 | 12 | 6 | | | | | | | | | | | | | |

| | |
|---|---|
| 事件： | 1 2 3 4 5 6 7 8 9 10 11 12 13 14 15 16 17 18 19 20 21 22 23 24 25 |
| 日期： | 9/12　　　　　9/13　9/14　9/15 |

圖 2.10　Peter 的功能評鑑觀察表

代性的溝通行為，以獲得注意或休息，並且對於頻率高的行為提供「非條件性」的注意。

### 範例3：Curtis

讓我們回到Curtis的例子上，之前我們已在功能評鑑面談中談論過（見圖2.2），圖2.11呈現了Curtis在學校場所中的觀察資料，花一些時間閱讀這些資料，接著，回到呈現在圖2.2中K部分中摘要陳述，依據與Curtis老師面談所完成的資料，你所提供觀察的資料是否支持摘要陳述？或是資料需要做修正？（在做完之後，你可以檢視你的結果與附錄F中所呈現的Curtis的摘要陳述作一對照。）

Curtis的資料中確認了三個基本模式，在閱讀和數學課中，他不是喊叫和投擲東西，就是打擊桌子和呼喊，而喊叫和投擲東西通常都出現在要求做困難的工作之後，因此被記錄為逃避這些活動的功能；打擊桌子和呼喊通常出現在Curtis沒有受到直接注意的情境之後，它們被記錄為獲得注意的功能，這些週期性的懲戒可能不經意地增強和幫助Curtis維持引起注意的行為。

第三個模式，Curtis從事攻擊性的行為（捏／抓傷）是為了從同儕獲得想要的東西，典型地，這個行為導致了暫時的中斷，而此種策略對減少攻擊行為沒有實質的影響，在三天的觀察中，Curtis持續發生攻擊行為。在觀察時，面談中提及的抓手臂的行為並未出現，因此，跟隨著破壞性行為的解釋也沒有出現在觀察中。隨著這樣的發現，非常重要的一點是要決定這樣的行為只是暫時的或特殊的，或是與目前解決問題所使用的醫療或其他形式的處遇有關聯。

如同其他的範例，一些計畫性的策略可能會被考慮使用在此情境中，Curtis的案例將在第三章中討論，用來說明方案的發展

## 功能評鑑觀察表

姓名：Curtis

開始日期：5/12　　　結束日期：5/14

| 時段 | 行為 | | | | | 預測因素 | | | | | 覺知的功能 | | | | | | 實際的結果 | 註解（事件發生前發生，如無在同名） |
| --- | --- | --- | --- | --- | --- | --- | --- | --- | --- | --- | --- | --- | --- | --- | --- | --- | --- | --- |
| | 喊叫/尖叫 | 丟東西/抓傷 | 打桌子 | 抓手臂/喊罵請求 | 要求/請求 | 困難的工作 | 轉換（抓握） | 干擾 | 要求/需要有趣的東西（人在注意） | 想要的東西/活動 | 注意的事物/活動 | 期待的事物 | 自我刺激 | 要求/請求 | 人/活動（ ） | 其他/不知道 | 讚賣時中斷 | |
| | | | | | | | | | | | 獲得 | | | 逃避/避免 | | | | |
| 自由時間 1 | | | | | | | | | | | | | | | | | | |
| 閱讀 2 | 1 5 | 10 10 | 3 3 11 11 12 12 | 1 5 | 2 6 7 | 1 5 | 10 | | | 10 | 10 | | | 1 5 | | 1 10 5 | 1 | Pc |
| 數學 3 | 2 6 7 6 7 | 3 3 11 11 12 12 | | 2 6 7 | | 2 6 7 | 3 11 12 | | | 3 11 12 | 3 11 12 | | | 2 6 7 | | 2 3 6 7 11 12 | | Pc |
| 教室工作 4 | | | | | | | | | | | | | | | | | | |
| 午餐 5 | 8 13 | 8 13 | | 8 13 | | 8 13 | | | | 8 13 | 8 13 | | | | | 8 13 | 8 13 | |
| 體育 6 | 4 9 14 | 4 9 14 | | 4 9 14 | | 4 9 14 | | | | 4 9 14 | 4 9 14 | | | | | 4 9 14 | 4 9 14 | |
| 溝通技巧 7 | | | | | | | | | | | | | | | | | | Ap(5/12) Bw(5/13) Ap(5/14) |
| 總計 | | | | | | | | | | | | | | | | | | |

事件：1 2 3 4 5 6 7 8 9 10 11 12 13 14 15 16 17 18 19 20 21 22 23 24 25

日期：5/12　　　5/13　　　5/14

圖2.11　Curtis 的功能評鑑觀察表

和實施。

## 依據觀察資料做決定

一旦資料蒐集齊全之後，我們必須做幾個決定，包括：(1)是否需要蒐集額外的資料，讓個案的行為模式或關係變得更清楚；(2)進行系統的功能分析操作，以便澄清或確認特殊的行為模式（請見下一節）；(3)依據面談和觀察所蒐集的資料，開始著手發展和規劃實施計畫。對這類決策提供嚴謹的規則是很難的。

### 蒐集進一步的觀察資料

我們建議觀察者在最初蒐集二至五天的資料，或是確認至少有十五至二十個行為發生。檢視資料和評估觀察所獲得的模式與根據面談資料最初形成的摘要陳述是否一致，這是非常合理與重要的。如果行為模式、預測因素和明顯的功能是顯而易見的，並且與你的摘要陳述一致時，你可能已經蒐集到足夠的資料並且可以準備開始發展規劃和實施方案。

然而，如果模式不是那樣的清楚，多蒐集二至五天的資料對尋找一致的關係可能是有幫助的。關於這一點你可能同時需要做兩件事，首先要再檢視一次，如果需要，回頭看看資料蒐集的過程是否有錯誤出現並修正之，確認所有觀察員對於什麼是他們要做的和他們該如何做有清楚和一致的想法，同時，你也要再看一次從面談資料所發展出的摘要陳述，而這些陳述是否適合或可繼續作為引導直接觀察的過程。在額外直接觀察資料已經蒐集之後，你可以再檢視一次，以便決定這些資料是否已無從挑剔了。

如果情況不是這樣，我們可能要考慮另一個步驟，進行系統的功能分析（functional analysis）操作，試圖指出和／或減低一

些可能影響危機行為的變項。依據評鑑資料的蒐集,這些功能分析必須將焦點放在與危機行為出現最有關聯的變項和事件上。在下一節將界定和呈現這類操作的例子,並提供實施的程序和方針。

# 功能分析操作

對大部分的功能評鑑而言,面談與直接觀察可以用來清楚地確認危機行為的預測因素、維持危機行為的結果和功能之間整體的行為模式。然而如果從面談和直接觀察評鑑所獲得的資訊無法顯示行為一致性的模式,或是經由直接觀察資訊所得到的摘要陳述無法清楚地被確認時,另一個可以考慮的策略便是進行系統的功能分析操作。功能分析的設計在於檢驗與危機行為發生最有關聯的變項或事件的假設。舉例來說,摘要陳述(假設)指出:當Eileen 被賦予困難的工作時,最可能出現尖叫和打人的行為,而你相信 Eileen 為了逃避困難的工作而維持危機行為。你可以檢驗摘要陳述中的因素,首先,改由交代 Eileen 較簡單的工作約十分鐘,再休息一下,接著,交代 Eileen 較困難的工作約十分鐘,接著,簡單的工作,再接著,較困難的工作;如果當她被賦予一個工作,而可以做得好時,她可以得到稱讚,如果她開始出現一些危機行為時,則離開工作幾分鐘,同時被告知「冷靜下來」(cool down)。如果觀察到危機行為出現在困難工作期間比容易工作時來得多,和如果撤離工作時,危機行為會暫時快速地減少,功能分析就可證實你的假設。

如果你對 Eileen 的摘要陳述,指出當她被賦予任何需要坐著

完成的工作時，她可能為了獲得注意而出現尖叫和打人的行為，則Eileen的功能分析可以包括以下幾種情形：(1)獨自一人工作時，一開始出現危機行為即獲得注意；和(2)從事同樣的工作，但獲得一對一的注意。如果結果指出，危機行為只有在她沒有獲得注意時發生，與做什麼形式的工作沒有關聯，則這個發現再一次證實了摘要陳述中的假設。

功能分析的主要焦點是要確認環境事件（前因和／或結果）和危機行為之間的關聯，此過程應包括比較不同的情境，以檢驗摘要陳述的假設，其基本的想法是要檢驗任何一個與預測危機行為的發生有實際關聯的情境，和那些預測與危機行為的發生沒有關聯的情境。為了能夠說明真正的功能關係，並且對於我們所瞭解危機行為在何時、何地及為何發生，提供最大精確度和可信度，功能分析是唯一的方法。

雖然，功能分析的程序可能已經使用在一般的學校或社區場所中，但是它們還是最常被使用在研究的情境中（請見附錄A的參考文獻）。這種精確和富有變化的方法，已經快速地出現在文獻中，而且為在應用情境中進行功能分析提供了架構。然而，在功能分析程序實施以前，有幾個重點和議題是需要考慮的。

## 何時需要進行功能分析？

功能分析所提供精確的優點必須要能夠與這個方法所需要花費的時間、技術和額外需要注意安全的問題取得平衡。一個功能分析如果要達到有效性，則必須要求高層次的技術，同時也可能時常需要知後同意和獲得受試者的同意，這也是為什麼一開始時我們建議只有當使用FAI和FAO無法蒐集清楚的訊息時才使用功

能分析。

## 誰應該要被納入？

　　典型的功能分析是一個團隊工作。然而，在引導功能分析操作時，一個有直接參與經驗的人指導整個過程是很重要的。如果這個專家並不存在於此團隊中，或是如果在最初負責評鑑的人並沒有接受功能分析的訓練，這個團隊的領導員需要尋找對此技術有深入瞭解的人協助。需要多少人納入團隊的工作則需視潛藏的安全問題。因為，一個功能分析可能包括了一連串嚴重危機行為的發生，你可能需要一些人可以維護安全並且能適當地控制潛藏的困難情境。舉例來說，如果有一個自我傷害的個案，時常表現出打擊頭部或咬自己這類自我傷害的行為，必須有足夠的人能夠提供保護（包括合格的醫護人員），如果個案很有可能逃離功能分析的場所，必須確認有足夠的工作人員可以阻止個案逃離。除非可以得到適當的保護措施，否則功能分析操作是不應該實施的。這些主題將在「重要的考量和方針」中做更詳盡的討論。

## 進行功能分析的過程

　　有關功能分析過程的研究，已經有許多研究者致力於此，在附錄A提供了有關功能分析研究參考文獻之一覽表，讀者可以參考此一覽表以便獲得有關功能評鑑和分析過程更詳盡的資訊。這本手冊提供的功能分析的一般性原則，對有些想要學習及獨立使用這個技術的讀者而言，可能覺得不夠深入。我們的目標在於提供功能分析方法的基礎和足夠的細節，讓讀者更有效地與一個受

過功能分析方法訓練的人一起工作。

## 基本方法

功能分析的基本過程包括了呈現不同的環境事件或情境，並觀察它們如何影響個案的行為。在研究文獻中已經描述兩種不同的方法，而這兩種方法也已經使用在應用場所中，使用時可以單獨地使用一種或兩者結合在一起使用。其中一個方法是結構或前因事件的操作，這些包括了提出特殊的要求或指示（instructions）、要求個案參與特定的活動、讓特定的人出現、在特定的場合中進行互動，或留下個案單獨一人，或暫時忽略他。這個活動的進行是為了檢驗有關特定的事件或變項可以預測行為的想法或假設。

第二種方法將焦點放在危機行為結果的操作。安排不同情境和依據特定危機行為的發生而提供特定的結果。舉例來說，當大人有事要做，小孩可能被告知自己一個人玩，如果這個時候小孩開始尖叫或打人，這個時候大人可能提供短暫的注意（像是「請不要尖叫，現在是你自己玩的時間」），接著回去工作。在另一種情況下，為了瞭解問題行為是否發生，大人可能被要求從事特定的工作或活動，然後被允許可以有休息的時間或暫時離開工作。當某些特殊結果出現時，出現較高比率的危機行為，我們可以得知這些結果很可能維持了危機行為。

對於某些個案，在評鑑過程中可以同時使用這兩種方法。舉例來說，小孩可能暴露在不同類型的工作要求中，因此，觀察員可以看看是哪一個因素最容易導致危機行為的產生。然而，在瞭解危機行為是否發生的每一種情境類型中，逃避有可能是以短暫休息的方式出現。

## 決定評鑑內容

依據面談和觀察的結果，對於我們所關切的行為至少會有一

個想法或假設，即是我們所謂的摘要陳述。接著是這類陳述的典型例子：(1)當沒有任何活動時，Mary 輕彈她的手指以獲得視覺上的刺激；(2)當老師照顧其他學生時，為了獲得老師的注意，Michael 喊叫；(3)當 Jodece 看到喜歡的東西時，她會尖叫並搶奪它；(4)當 Katie 在教室中犯錯時，她從教室中逃跑，避免來自同學負向的注意，像是嘲笑；(5)當 Ronald 在工作中犯了錯，他打老師以逃避困難的工作。

要直接檢驗這些摘要陳述，我們必須觀察個案的行為，在哪些特定的相關前因和結果時，危機行為會出現，而在某種情況下，危機行為並不會出現。更簡單的來說，我們設定情境（前因和／或結果），我們期待看到危機行為增加或高頻率出現，接著，觀察危機行為，看看期待的影響是否真的會發生。同時，我們也設定一些我們不期待會有高頻率危機行為出現的情境，觀察這些情境並做一比較。藉由完成這些操作和觀察危機行為是否隨著我們呈現的情境而有所改變，我們可以決定哪些變項實際影響危機行為的產生。

### 不同的功能分析設計步驟

在進行功能分析時，「單一受試者（single-case）研究設計」的兩種基本形式常常被拿來使用。這兩種形式是反轉（ABAB）設計和多重基準線（multi-element [alternating treatment]）設計。反轉設計指的是：(1)在開始或基準線時期(A)，當我們關心的變項沒有出現時，蒐集這個時期的資訊；(2)當我們關切的事件或情境出現時，進行第二階段的處理或操作(B)；(3)為了建立一個清楚的模式，回到基準線和再次操作，以期能夠顯示操作的變項和危機行為發生的頻率或改變的程度彼此之間的關係。舉例來說，為了確認工作困難度和危機行為之間的關聯，如果在困難工作階

段，很一致地有高頻率的危機行為發生，因此，個案表現危機行為是為了逃避或中止困難工作的假設即能夠得到支持。

多重基準線的設計指的是在短時間內，同時出現幾個不同的情境為基準線，在不同情境下所得到操作的結果，對於危機行為的發生提供了依據。Iwata、Dorsey、Slifer、Bauman 和 Richman（1982/1994）指出：使用功能分析方法者常利用多重基準的設計控制情境或變項。舉例說明，在困難的活動期間，是否產生危機行為來逃避，提供社會性注意時是否會出現危機行為，當危機行為出現時提供實質的物品（像是玩具），或許可以有些點綴性的「控制」變項（像是非要求的社會遊戲或互動）。有時候個案在某一活動期間可能獨自一人──但為了安全起見應有適當的監督──如此觀察員可以決定當沒有任何外在的因素時，危機行為是否會發生。在一段時間內，不同的情境和點綴活動的目的是為了確認變項對於危機行為是否有實質和一致性的影響。一般來說，每一個情境至少會重複幾次，以便讓觀察員在情境之間更清楚地記錄是否有任何的差異存在，如果在一開始時沒有明顯的不同，多進行幾次，可以幫助觀察員決定是否開始出現較明顯的差異。

### 不確定分析的處理

對某些個案，即使重複出現許多次不同的情境，也不一定會出現清楚的行為模式。像這樣的案例，決定某一情境是否正確地及一致地出現是很重要的，舉例來說，所謂困難的工作，對個案而言，是否真的困難呢？在某一實驗階段，如果個案受到旁邊的人存在或聲音的影響，是否能支持個案是單獨一人的說法呢？你可能需要修正情境，和再試一次，以便獲得前因事件和維持行為結果之間清楚的脈絡；你可能需要確認其他對危機行為發生可能

有影響的前因事件或結果，發展出新的假設和透過功能分析再次檢驗。

## 檢驗不同類型的摘要陳述的方法

### 獲得內在刺激

對個案而言，有些行為可能有自我刺激的功能，也就是說，他們可能提供了一些個案喜歡的內在回饋（internal feedback），有些學者提到這類關係的型態是一種「自動性的增強」（automatic reinforcement），因為行為的表現是非常「自動地」而導致增強。這類摘要陳述常常是很難確定的，但是仍有方法可以依循，其中一個方法就是觀察個案在單獨一人、沒有實質的物質或活動的情境中表現的行為。如此意味著留個案單獨一人在房間，同時不打擾地透過窗戶或門監督個案的行為。在這種情況下，如果行為發生的頻率高於其他情況，它們可能提供了自我刺激的功能。另一種方法是阻絕或阻止可能的刺激，以探究是否這個策略會減少行為的發生。在一項研究中，曾用護目鏡來防止個案以刺或揉眼睛所帶來的視覺刺激。然而，對有些行為而言，阻止可能是很困難或不可能的，例如輕拍或搖晃手指，很難不變成過度的強制。在這種阻止的情況下，很難從彼此互動的影響之下，找出自我刺激的影響。

### 對嫌惡內在刺激的回應

醫療或生理情況下可能會導致疼痛或不舒服，個案的行為可能是為了逃避或降低這些感覺。然而，如果企圖以引發頭痛、傳染疾病、過敏反應或生理期的不舒服，來觀察它們對個案的影響，它不僅僅困難，也是不倫理的。評鑑這類影響的一個方法就

是當懷疑個案的行為產生時，則提供一個合理的處理，觀察行為是否降低。舉例來說，如果個案不斷流鼻水和淚眼汪汪，同時從事自我傷害打頭的行為，用減低過敏反應的藥物或止痛劑（阿斯匹靈或 ibuprofen）可能導致行為的減低。與醫療方面的專家共同合作引導這個程序是很重要的。父母、老師和計畫支持人員不應自行診斷或處理醫療方面的問題。

**獲得社交性的注意**

如果你認為個案從事的行為是為了獲得社交性的注意或互動，你可以設計一些情境，而在某一情境下，個案從事的行為可以成功地得到注意，而在某一情境下則無法成功地得到注意。舉例來說，當大人在某一個地方工作時，小孩可能被要求在房間內安靜的工作或玩耍。在某一個情境下，當行為發生時，大人對小孩做「請不要那樣做」的回應；在另一情境下，協助人員則用忽視並且對行為不做任何回應。如果在某一情境中，行為可能因為獲得注意而提高發生的頻率，這樣的觀察可能支持了行為的功能是為了獲得注意的假設（可能需要花費一些時間或幾次的活動，才能讓這樣的不同變得更清楚，特別是如果行為在過去已經是間斷地或不一致地被增強）。

**獲得想要的東西或活動**

當個案想要一個東西或活動時，可能表現出危機行為，這個假設可以藉由設計情境——出現個案喜歡的東西或活動，但卻無法獲得——來檢驗。如果個案企圖接近和奪取這些東西時可能被阻止。這些東西只有在危機行為發生的情況下得到（「好的，你可以得到____」）。典型地，在一段時間後，這件東西將被拿走，一個新的機會或線索將開始。在這些情境類型下，想要的東西或活動沒有出現，或可以自由地得到的情況下，將個案發生的危機

行為做一比較。

## 避免社交性的注意、要求或活動

個案的行為可能因逃避或避免社交性注意（對問候的回應，例如「好！告訴我你覺得如何？」）、要求工作，或其他不喜歡的活動或互動而被引發。這樣的假設可能藉由創造類似的情境來做評鑑，像是出現注意、工作或活動的情境，接著，依危機行為的出現而提供一段短暫時間的逃避（約三十秒）。在這些情境下，個案的反應可以與要求或活動沒有出現時的情境做比較（例如非社交性玩具遊戲的情境下）。

## 在一般的日常生活中引導操作

在個案日常一般場合的活動行事曆中引導操作將是實施功能分析最有效的方法。舉例來說，我們可能排定想要的操作，在個案一般學習時段中，提出幾個困難工作的要求。可以用規律或定期的方式出現或消除工作要求，看看會發生什麼事。依據影響的大小和個案多快可以得到想要的，來決定操作出現或消除的時間。這種方法可以幫助我們確認在個案每天的生活中，實際上與危機行為發生最有效和關聯的情境和變項。

# 功能分析操作的例子

在這個部分，我們將依據我們曾經處理危機行為的個案，舉例說明，圖2.12 呈現的資訊是我們使用反轉設計（ABAB）來操作前因情境。Greg 是一個具有嚴重殘疾的中學生，在教導過程中，他會尖叫和表現攻擊行為（打和搶奪），當他攻擊時，老師把他帶到教室角落暫時停止活動，依據面談和觀察資訊，我們摘要 Greg 使用攻擊行為主要目的是為了逃避困難工作，而老師使

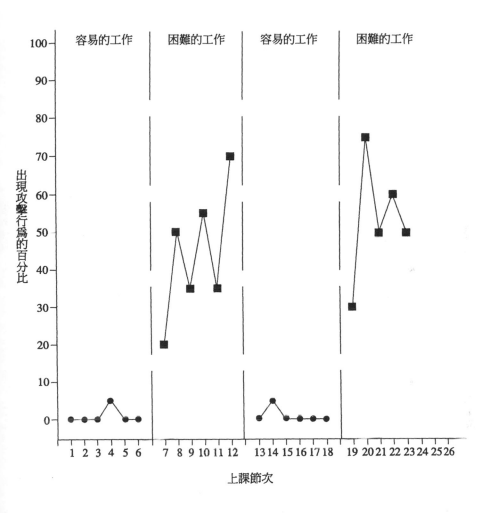

容易的工作　　困難的工作　　容易的工作　　困難的工作

圖2.12　Greg在容易和困難工作情況下的功能分析操作

用一些錯誤的懲罰方式（「請你住手！你需要用這個方式完成工
作」）。從這個案例中我們可以瞭解：Greg 的老師引導了數次教
學活動，其中包括了只要做個案熟悉並可以很容易地完成的工
作，接著，包含較不熟悉而可能較困難完成的工作，接著，在容
易和困難工作的情況下再重複一次，以便確認其效果。在圖2.12

之座標圖中說明Greg在困難工作出現時，很一致地出現攻擊行為的頻率是較高的，這些數字證實了最初的摘要陳述：對Greg而言，攻擊行為具有逃避的功能。

　　圖2.13說明了在Ben身上實施的功能分析操作，Ben是一個中學生，在當地一所學校上學。Ben的危機行為包括了打自己的頭和摑巴掌，同時，大聲說話或咬自己的手。在教導期間、課堂活動期間或甚至當老師或助教接近他時，他表現這些行為。在面談和直接觀察時已經形成這些行為具有逃避功能的假設，Ben的老師進行了四天功能分析的過程，每天呈現四種不同的情境，每一種情境約五分鐘，以交替處理設計的形式出現，這四種情境包括了：遊戲的情境（聽他喜歡的音樂）；被要求的情境（他被要求在教室中打電腦），是否逃避則由危機行為的發生來決定；有條件的注意情境（當他打、大聲說話或晃動時，他被教導「不要那樣做！」）；和孤單的情境，雖然有其他人在教室內，但並不與他有任何互動（針對危機行為而言，並沒有其他的後果出現）。圖2.13的資訊指出Ben的危機行為在被要求的情境下是發生最高頻率的時候，證實了Ben行為的主要功能是為了逃避被要求的情境。

　　在Shante的案例中（見圖2.14）描述功能分析中交替處理的方法，這個過程叫做「短期功能分析或評鑑」（brief functional analysis or assessment, Derby et a!., 1992; Northup et al., 1991）。這個方法的關鍵特徵是：(1)在較短的時間架構內（約九十分鐘），相對地以一段較短的時間呈現類似的情境（十分鐘或更少）；(2)相對地針對每一個情境以較短的活動時間來進行（通常只有一次）；和(3)為了檢驗處遇的策略，包括了適當的溝通回應，引導有條件的反轉設計。在Shante的案例裡，危機行為在注意的情況

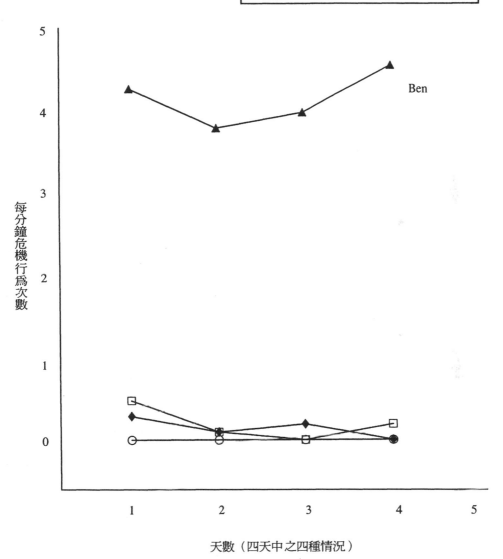

圖2.13　Ben在不同影響情況下之功能分析操作

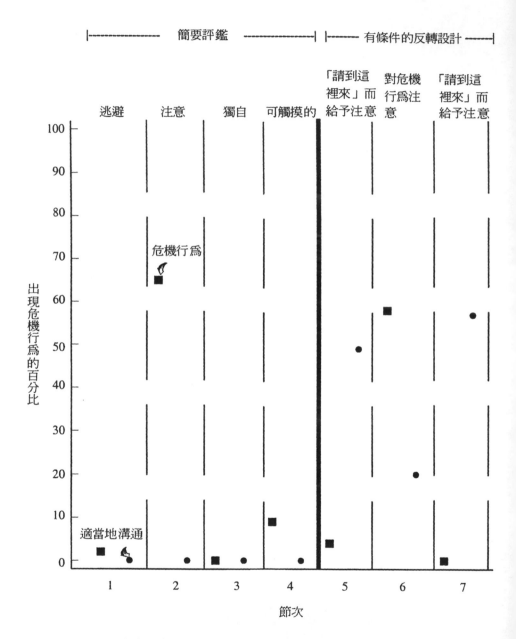

圖2.14 以 Shante 為例的短期功能評鑑

下發生最多，支持了危機行為的功能是為了獲得注意的假設。適當的溝通回應（說「請到這裡來」）在評鑑的階段裡並沒有發生。在第一個有條件的反轉設計階段裡，說出「請到這裡來」的適當溝通回應是 Shante 學習的第一個規範的行為，接著，她被提醒使用適當的溝通回應，可以得到注意來增強，在這個活動期間，危機行為則無法得到注意。請留意危機行為出現非常少，而且唯有說「請到這裡來」來獲得注意時，個案使用適當的溝通回應的頻率高。反轉回到危機行為得到注意，接著在第二個活動期間，因說「請到這裡來」而得到注意，證實了注意的功能是最主要的，和教導適當的溝通回應是一種有效的處遇策略。這裡呈現了許多種不同的基本的功能分析過程，也鼓勵讀者可以閱讀其他文獻（見附錄A），學習更多的功能分析程序。

## 有關功能分析過程中重要的考量和方針

以上所討論的操作型態，只有在以下幾種情況能夠適當地被考慮時才能使用。

### 確認評鑑的特殊特徵

除非在一開始的評鑑活動中，針對評鑑的特定情境和變項提供指引，可以得到相關訊息或摘要陳述，否則你不應該貿然進行操作。

### 決定並評估冒險程度

很明顯地，嚴重的自我傷害或攻擊行為，對個案本身或教導／支持人員是非常危險的。在實施之前，包含這些行為的操作，我們需要判斷潛在危險的程度，並且藉由判斷潛在的危險，決定是否要冒這個險。

**控制有關的變項**

只有在可以很容易地控制相關情境或變項的情況下，才進行功能分析操作，例如，特定的工作或活動、留下個案單獨一人，或是在特定的場所進行。而在某些情境下要控制相關的變項可能是困難的，例如危機行為似乎與內在的身體狀況有關聯（中耳炎感染、生理週期、藥物影響），這些是不容易觀察到或操作的。在這類案例裡，對於企圖瞭解在危機行為和身體症狀之間是否存在任何的關係，對這兩者之間的關係做謹慎的觀察，可能是最好的策略。如先前的討論，提供藥物解除疼痛的操作可能會影響行為，觀察可能會強化「內在生理事件對於個案危機行為扮演重要角色」的假設。

**獲得適當的評論和認可**

先前提到引導功能分析必須通知所有相關的人，包括父母、督導、教官和其他管理者，和接受適當知後同意。除此之外，你應該獲得適當的正式評論和相關督導委員會的認可。在引導操作時所包括的因素與處遇計畫和需要冒的險可能是相似的，因此，為了避免潛在的問題，獲得相似的評論和認可是最適當的策略。

**為了維持安全和保護個案發展的策略**

在引導功能評鑑時，有許多的地方必須很小心，包含了具有潛在危險影響的行為。

包含足夠的人員：我們強烈地建議在操作的過程必須包括足夠的人員，並確認每一個人的安全。這意味著足夠的人員可以阻止和控制個案自我傷害或攻擊的行為，及避免個案逃離而進入不安全的情境。除此之外，在此過程中，至少必須要包括一位對實施功能分析過程有相當經驗的人在內。

使用保護的設備：為了允許特定行為發生以便評鑑，為觀察

的個案或協助人員準備保護的設備是必要的，以便將傷害的危險減到最低。舉例來說，保護的鋼盔可以使用在有打擊或撞自己頭行為的個案，如果個案有攻擊性捏或抓的行為出現，協助人員在引導功能分析時可以準備手套和長、厚的袖子做為保護。

　　然而，需瞭解保護措施本身可能影響行為發生的次數；在實施操作和解釋結果時，也需記住這項影響。設備的出現或缺少很可能變成危機行為是否出現的一個信號。舉例來說，如果保護手套出現，當個案帶上手套，可能不會自我傷害，但是在手套摘下後，可能立刻再度自我傷害。預測保護措施可能帶來的影響有時是不可能的，因此，在解釋使用保護措施的時段內所蒐集的資料要特別的謹慎小心。

　　設定活動結束的標準：在開始實施之前，清楚的建立和說明結束的標準是非常重要的。你必須決定多少行為頻率或強度出現時，表示已經冒足夠的險，而為了安全起見將結束此活動。督導和實施活動的每一個人均需被告知並且同意此標準，除此之外，你可能需要確認「變得冷靜」（cooling off）或降低緊張的程序，在實施時可能將行為帶至較安全的程度。

　　使用「前兆」行為做為結束活動的信號：為了安全考慮，確認有效的「前兆」行為是很有用的策略，前兆行為是指出現在強度較強和較危險的行為之前的行為。功能分析的過程將焦點放在這些強度較弱或較不嚴重的問題行為是否發生。舉例來說，如果個案通常在自我傷害或攻擊之前，表現出較激動的行為（例如，搖動或打擊桌子）為信號，在評鑑過程中，你可能需要將焦點放在這些較激動的行為是否發生，一旦發生了，進行的活動可能必須在更危險的行為逐漸擴大之前終止。

**運用適當的資訊蒐集和設計程序**

　　要從功能分析的過程中獲得最大最有用的訊息，你必須在我們關切的行為上，安排蒐集有效的資訊。這可能需要錄影和事後對錄影資訊回顧和記錄，或是讓個案易於被觀察，以方便在過程中觀察和蒐集資訊。

　　除此之外，在引導活動時，在程序上設計適當的脈絡是很重要的，如我們所討論的，這意味著在反轉設計中變項需要出現和取消，或是有系統地在可替代的處遇形式上交替出現。堅持這些考慮將使你對於影響的變項，得到最可信和有效的結論。在實際應用中，引導功能分析的方針摘要呈現在**專欄2.5**中。

---

### 專欄2.5　引導功能分析操作之方針

1. 在操作時，確定欲進行評鑑之特定變項。

2. 決定可能要冒險的程度。

3. 確定可能控制和操作相關的變項。

4. 獲得適當的評論和認可。

5. 在活動期間，有足夠的人員以維護安全。

6. 如果需要，決定特定的標準以結束活動時間。

7. 針對個案、老師或支持人員，考慮使用適當的保護設備。

8. 考慮使用前兆行為當作結束活動的信號。

9. 利用適當的資訊蒐集和設計程序。

---

**確認和／或修正摘要陳述並朝向發展計畫**

　　和前面討論過的直接觀察方法一樣，功能分析過程的一個非常重要的結果，是必須確認或修正以最初評鑑活動為基礎的摘要陳述。引導功能分析應該幫助你支持你的摘要陳述，或提醒你要做一修正 —— 依據你已經蒐集的資訊，放棄一些或更多原來的資訊，或增加一些新的資訊。

　　針對這一點，我們已經提供並討論獲得功能分析評鑑資訊的主要方法，包括有面談、直接觀察和操作。透過這本手冊，我們強調蒐集資訊本身並不是一個結束，只有在資訊可用來提升適當的行為或減少危機行為的策略發展和執行上，才是有價值的。下一章我們將焦點放在統整的功能評鑑資訊如何運用在支持計畫的建立上。

# 第三章
# 建構行為支持計畫

建構行為支持計畫之四項考量
選擇處遇程序：相對行為模式

功能評鑑之目的，在增進行為支持計畫之有效性及效率。你必須盡力確認所蒐集之評鑑資料以及發展行為支持計畫間之邏輯性。本章旨在提供如何使用功能評鑑之過程，以期能設計出支持計畫。第三章所涵蓋之廣泛範疇，不但是如何發展及執行一計畫之指引，亦可從而得知選定處遇程序（intervention procedures）之過程。第四章則提供用以填寫、施行及評鑑支持計畫處遇程序之特定表格。

# 建構行為支持計畫之四項考量

　　設計行為支持計畫時之四大主題為：(1)該計畫除注重個案之改變外，亦應明白顯示工作人員、家庭或支持人員會有何改變；(2)該計畫應直接建構於得自功能評鑑之資料；(3)技術上而言，該計畫應是健全的，亦即是與人類行為法則及原則是一致的；以及(4)該計畫應符合負責執行該計畫者之價值（values）、資源及技巧。

## 行為支持計畫應能描述我們的行為

　　行為支持計畫旨在改變問題之行為模式。然而其過程將涉及家庭、教師、工作人員以及不同背景之統籌人員等所經歷的改變。行為支持計畫所界定的是「我們」會以何種不同方式為之。個案之行為能否有所改善，端視我們行為上的改變。該計畫可能涉及：我們在物質環境（physical setting）上、修習課程、藥物處理（medications）、作息、如何教學以及獎懲等所作之改變。規

劃良好的行為支持計畫會明確界定對相關之教師、家庭成員及工作人員等所預期之改變。唯有我們行為上之轉變，才能因而導致行為上有障礙之個人的行為改變。

## 應依功能評鑑結果建構行為支持計畫

功能評鑑之資料應能讓我們指出在教室、家庭或工作場所上的那些特殊改變，得以改變問題行為的模式。常見的情形是，功能評鑑所得之結果，對行為支持計畫之程序絲毫不產生影響。如果說行為分析（behavior analysis）是促進適當行為的環境設計，功能評鑑即是指出有效環境中之主要特色的工具。

有效改善功能評鑑之結果與行為支持計畫設計間關係的策略有二：首先，即是確定功能評鑑之摘要陳述已列入行為支持計畫。該類陳述是行為支持計畫之根本，行為支持計畫中所定義之「所有」程序在邏輯上應與其一致。比方說，如摘要陳述指出一危機行為係為引起注意所致，處遇程序則不應在危機行為產生後對個案給予任何之注意（即使是「負面」之注意）。如摘要陳述指出一危機行為係為逃避工作，則不應將危機行為與工作分開處理，例如以暫停工作來處理危機行為。

第二項策略則為建構一功能評鑑摘要陳述之「模式」，並且界定如何變更該模式，以確定合宜之行為得「勝過」危機行為。行為計畫不但應指出一個人不該（should not）作什麼；同時應指出個人該（should）作什麼。我們不應假定一旦進行功能評鑑，即會有一明顯之處遇計畫。如何經由功能評鑑之結果以建構出一計畫之重要過程，即是應用問題分析領域中最主要的挑戰。

# 行為支持計畫在技術上應是健全的

　　人類行為係遵循某些經驗法則，任何臨床的行為支持計畫皆應與該法則相容。行為管理不僅是一套技巧（暫停 [time-out]、回應成本 [response cost]、過度糾正 [over-correction]、代幣制度 [token economies]），亦是包含一套廣泛適用於各種形式（formats）之基礎原則。增強（reinforcement）、懲罰（punishment）、類化（generalization）及刺激控制（stimulus control）均是這類原則的例子，應為任何行為支持計畫之技巧基礎。此一計畫應依據功能評鑑之摘要陳述運作這些原則，來建構一個在邏輯上支持合宜之行為並降低危機行為發生之環境。

　　建構一個技巧上健全之支持計畫並非易事。就複雜之狀況而言，許多負責行為支持的人，實際上並沒有在整合及應用複雜之行為原則等方面的訓練。不過，在大多數情況下，如能使危機行為變得不相關、無效率且無效，則該行為支持計畫在技巧上仍是健全的。

## 使危機行為變得不相關

　　發展計畫的人應界定會觸發危機行為之情況（刺激狀況），並建構出降低可能發生此類狀況之環境。比方說，如果 Jason 因為無法勝任而非常討厭坐在座位上的工作，如能變更工作之複雜度及其工作量，則可使得想逃避之危機行為心態變得不相關——也就是說，之所以使得工作惹人厭的因素已不存在。同樣地，如果 Eileen 在一枯燥的環境中試圖以尖叫或脫掉衣物來引起他人的注意，如能為其安排較為積極參與及較有趣之日常作息，亦可使其與危機行為變得不相關。欲使危機行為變得不相關，主要得作

結構上之改變，如變更物理環境、使環境更富變化、改進學習課程或活動之內容，以及增加可讓個案預期或選擇之項目等。上述努力或許無法消除危機行為，但可使支持計畫之其他要項更為有效。

**使危機行為無效率**

　　一行為之效率係指下述三項成果之總和：(1)個案行使一行為所需之體力；(2)個案在獲得增強前，他需要出現某種行為的次數（增強之頻率）；以及(3)危機行為初次出現至增強間之時間落差。孩子在教室裡發出奇怪聲響，因其他人的注意而強化，便是一有效率之行為。僅因一容易（easy-to-do）之危機行為反應即很快獲得增強物（reinforcer）。以大發脾氣方式避開他人之要求，係為有效（達到其目的）但無效率（發脾氣得花很大氣力，須得到他人回應，且可能需要很長時間才能達到其目的）之行為。功能評鑑應界定危機行為持續之原因（如要求注意、逃避工作、期望獲得想要之事物），而提供一些使得危機行為有效率之指示（努力、日常作息表、時間延遲）。請記得功能評鑑面談包括以效率為主之問題，在合理可行的情況下，支持計畫應界定能讓個案達到相同目的，且為社會認可而更有效之其他選擇，此一概念為功能性溝通訓練（functional communication training，或稱功能性等值訓練 [functional equivalence training]），長久以來都是良好之行為支持計畫的概念。

　　一位名叫 Kioshi 小男孩的情形，即是功能性溝通訓練之一簡單範例。想得到比較喜歡的玩具或食物時，Kioshi 通常不用說的，而是採取比較侵略性的行為，該類行為的成功率約為 50％，而且得花蠻多心力的，一旦告訴他可以用手勢（signs）提出要求，其侵略性行為幾乎不再發生，原因是，手勢要求比抓打來得

省力，成功率較高（80％：50％），而且較快獲得成果。其淨效益（net effect）為使用手勢不但較為社會所認可，且比侵略性行為更為有效。

**使危機行為無效**

我們發現，如果一個人長久以來皆有危機行為，只要該類行為有效（即使已教導其如何以其他方式取代危機行為），個人仍會持續該類行為？行為支持計畫應盡可能使得危機行為無從獲得增強物，即使行為支持計畫已包含更新而有效之替代技巧，仍應致力於消除危機行為。

消除之範圍應含括系統性地制止或防止之前能使個案達到目的的任何方法。如果個案之增強物為獲得玩具或成人的注意，則支持計畫應指示產生危機行為後如何制止該類增強物。如為逃避要求或困難的工作而有更明顯的危機行為，則應確實做到危機行為產生後，個案不得免除對其所作之要求或困難的工作。許多個案顯示，使用消除程序（extinction procedures）是說易行難，如果要刻意忽視個案想引起注意或關切的狀況，並不難處理，但是有時候，個案的危險性行為根本就不容忽視。某些情況下，是可以暫時制止個人的增強物，並且指導個案以新的或替代溝通方式作回應。比方說，為了躲避應做的工作，Todd 會不斷尖叫或打頭，這類自我傷害是無法視而不見的，不過，當他出現這類危機行為時，你可以讓其以「正確方式」（口頭表達或手勢）要求休息，而暫時避開讓其躲掉工作的問題。要求休息其實也是逃避工作的一種方式，但是這是一種社會認可之合宜的替代方式。此一途徑的潛在危機是，Todd 會習得一種行為鏈（a chain of behaviors），亦即是，先尖叫、打頭，然後要求休息。其基本解決之道為，在危機行為未發生時以較和緩的方式教導其如何使用

手勢，及／或在危機行為產生時立即鼓勵其作出合宜反應。

這個重要訊息是：行為支持計畫應與行為之基本原則相呼應。一般而言，如計畫之基本要素具有使得危機行為變得不相關、無效率且無效之效果，則不難達成此一致性的要求。

## 行為支持計畫應切合該計畫施行時的情境

行為支持程序應與將執行該程序者之價值、資源及技巧等方面在技術上是可行且相配合的。不同的行為支持計畫可用於在一特定情況之特定個人。建構計畫之目的，不在其是否「完美」，而在其是否有效且可行，一計畫可能技術上非常出色，但是實際執行的人不願意或者是不可能執行，其結果是對工作人員的行為影響微乎其微，對被支持之個案的行為則根本毫無作用。如果一計畫之成本高昂、得花許多力氣，或者是實行以後得不償失，實行者因而不切實照章行事，實在也是意料中的事。

Rian 之行為計畫就是此一狀況之良好寫照。Rian，七歲，有嚴重之智能障礙，為了逃避困難的工作，他會踢對他提出工作要求的人，此一狀況經常出現在訓練他使用手勢的訓練課程中。Rian 在許多情況下都使用手勢，但是發現過程不易，於是在訓練過程中持續用力且精準地踢教師的腿。教師由當初的計畫所獲得的訊息是該課程規劃是恰當的，她應該在 Rian 學習使用手勢時加以讚美，並且忽視他的踢人動作。教師試著在前幾堂課遵循此一指示，留下的瘀青傷痕令人印象深刻，接著，她又發現時間上的衝突，使得她無法繼續其手勢訓練課程。該行為計畫如果曾經確實實行，也許是有效的，但是要該教師實行該計畫之代價未免過高。結果證實，以制止 Rian 踢人為重點之修正計畫，不但可行性

高，對 Rian 也更為有效。

　　如果我們預期行為支持計畫能改變家人及工作人員，則其程序必須能：(1)符合背景環境之自然作息；(2)符合生活在背景環境中的人之「價值觀」；(3)切合時間、金錢及資源上之效益；(4)切合將施行該程序者之技能；以及(5)能製造出短期增強（而非懲罰性）效果。

　　簡而言之，發展行為支持計畫之四大主題為：(1)明確界定施行該計畫者所應改變之行為；(2)強調功能評鑑結果與施行程序間之邏輯性連結；(3)須與行為之基本原則相呼應；以及(4)須設計切合施行該計畫者之價值、技能、資源及既定作息。

## 選擇處遇程序：相對行為模式

　　現在，讓我們再回到連結行為支持計畫與功能評鑑結果此一議題上。就臨床學者而言，進行功能評鑑後，通常會直接以其結果規劃行為支持計畫。我們建議，一旦完成功能評鑑，加入一處遇步驟，此一步驟包括積極協調所有將施行該計畫的人，並以相對行為模式（competing behavior model）界定一有效環境之特色。然後依這些特色來選擇得以建構行為支持計畫之特殊策略。相對行為模式之所以有用，係因：(1)加強了處遇程序與功能評鑑結果間之連結；(2)更切合地將施行該計畫者之價值、技能、資源及既定規則等與將施行之程序配合起來；(3)加強了多重要素（multi-element）支持計畫所使用之不同程序間之邏輯性；以及(4)加強了施行該計畫之精確性。

## 建構一相對行為模式

　　建構一相對行為模式涉及三個步驟。首先,須建立功能評鑑摘要陳述之流程圖(diagram)。接著,加入得以相對或取代危機行為之適當行為。第三步則是,界定可促進適當行為,並且使得危機行為不相關、無效率且無效之處遇選項。上述步驟茲簡述於**專欄3.1**中。

### 步驟1:功能評鑑摘要陳述圖

　　功能評鑑摘要陳述圖僅須由左至右列出:(1)場地事件;(2)前因(立即預測因素);(3)危機行為;以及(4)你在摘要陳述中所界定之維持的結果。舉例來說,經由功能評鑑,我們發現如果要Derrick做比較困難的事情(像是區分字母及數字),他便會嘔吐,他會為了逃避這類工作而持續嘔吐現象,而且如果前一天晚上的睡眠少於四小時,他可能會吐上兩次。因此,對Derrick之摘要陳述即為:「如果Derrick之睡眠不足,而且要他做比較難的桌上的工作,他便會嘔吐,並以之來逃避工作。」在功能評鑑之摘要陳述中的事件順序如下表所示。

| 場地事件 | 前因（預測因素） | 危機行為 | 維持的結果 |
|---------|----------------|---------|-----------|
| 睡眠少於四小時 | 做比較難的桌上的工作 | 嘔吐 | 逃避工作 |

　　表下之敘述係以箭號呈現。該類箭號旨在表示時間上之順序。

睡眠少於四　　━▶　　做比較難的　　━▶　　嘔吐　　━▶　　逃避工作
小時　　　　　　　　　桌上的工作

　　另一個例子是個無學習障礙的十二歲學生 Marlene，她今年七年級，老愛在生物課時滔滔不絕。功能評鑑顯示，如果能獲得同伴注意，或是當天較早的時候如果經歷過與同伴之不愉快的互動關係，她便會持續說個不停。對其摘要陳述應爲：「如果 Marlene 在發表意見前與同伴有過不愉快經驗，她便會說個不停以獲得同伴之注意。」伴隨該摘要陳述之示意圖則爲：

不愉快之互　　━▶　　生物課時發　　━▶　　說個不停　━▶　同伴注意
動關係　　　　　　　　表意見

　　二十三歲的 Phillip 是另一種例子。他有嚴重的智能障礙，長時間坐在臥室角落裡前後搖擺，以右手大拇指彈擊上唇。功能評鑑並未界定出造成其搖擺及彈擊之「遠因」，亦未發現任何事件能預測搖擺及彈擊的事件。起初，工作人員認爲 Phillip 是藉搖擺及手指之彈擊，以獲得這類行爲所會引發之生理上的感覺。不過，在使用過功能評鑑觀察表後，工作人員界定出兩種模式。其一爲，搖擺及彈擊通常是在當 Phillip 進行無結構之活動時發生；另一項則是，Phillip 以搖擺及彈擊作爲「焦慮」反應。界定出

Phillip第二種反應的兩名工作人員開始在Phillip身體搖擺時坐到他身邊安撫他，工作人員因而界定出Phillip搖擺及彈擊可能具有三種功能：(1)尋求生理上的感覺；(2)避免無聊；以及(3)獲得工作人員的注意。如果從單一的情況界定出多重功能，我們發現若能找出其中最強之功能，則最有助於改善該情況。拿這個例子來看，工作人員認為其中係以「獲得工作人員之注意」為最強之因素，因而對Phillip之摘要陳述為：「當進行無結構活動時，Phillip之搖擺及彈擊是為了獲得工作人員的注意。」其摘要陳述之示意圖為：

無界定事件 ⟶ 無進行中之活動 ⟶ 搖擺及彈擊 ⟶ 獲得工作人員之注意

現在，請你以一個你曾經工作過，而且確信能界定出其較遠之場地事件、立即預測因素、危機行為以及維持的結果的人。以一摘要陳述將所有資料連結在一起，並寫在以下空格欄。

_____

_____

在圖3.1所提供的空間記下你的摘要陳述，並以箭頭表示各事件在時間上之順序。

| 場地事件 | 前因（預測因素） | 危機行為 | 維持的結果 |
| --- | --- | --- | --- |
|  |  |  |  |

圖3.1　摘要陳述圖

**步驟2：界定替代行為，及與此行為相關之條件**

　　有效行為支持的基本原則為，在建議減少危機行為時，界定出個案應以何替代或想要之行為來取代危機行為。支持計畫應同時以減少危機行為以及增加想要之行為為目標。因此若能清楚界定與危機行為相對之行為或行為途徑（behavior path），則對同時達到上述兩方面要求極有助益。我們以兩個問題來達到此一目標：(1)「假設已發生場地及前因（預測因素）事件，你期望個案在當時情況下做出何種適當的行為？」；以及(2)「假設已發生場地及前因（預測因素）事件，得以產生與危機行為相同結果，而為社會認可之『相等』（equivalent）行為是什麼？」。圖3.2即是加入上述問題之答案的相對行為模式。

　　回到那個一碰到難題就嘔吐的Derrick案例。對Derrick所要求的想要行為是繼續進行工作，但是當我們問他的老師，Derrick完成工作時的情況如何，老師說她通常是給予口頭讚美，然後再給他一些工作做，至於什麼才是適當的相等行為，教師最初的反應是並無其他可接受之相等反應。經過進一步討論，她同意Derrick要求休息一下（如果只是休息幾分鐘），應該是能接受的，而且能讓Derrick避開工作之反應。將想要的行為（進行工作）、相等行為（要求休息一下），及其個別之後果加入Derrick

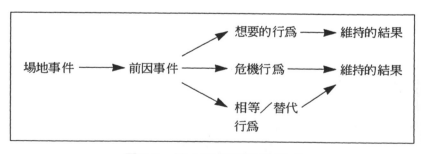

**圖3.2　擴大的相對行為模式**

之相對行為表，則獲得圖3.3之結果。

　　Derrick 之相對行為模式現在呈現的是：(1)功能評鑑陳述；
(2)對於想要的行為有最低限度之正面結果（進行工作）；以及
(3)Derrick 並無相等之技能（如要求休息一下），而使得他能暫時
逃避工作。此行為模式亦表示，他討厭困難之桌上工作，尤其是
在他累的時候（前一天晚上睡眠少於四小時），該類型工作更會
令他反感，此一敘述提供了許多訊息，而且正是為 Derrick 設計
一有效環境所需之正確訊息。

　　如何建構一相對行為模式的另一範例則為 Mara。 Mara 今年
八歲，家庭生活非常困難，她並沒有任何智能上的障礙，但是老
是以大聲說話、尖叫、拒絕做事、不服從以及發脾氣等方式與二
年級的老師發生衝突。Mara 之功能評鑑顯示如果她是直接與老
師一起做事或是只和其他幾位小朋友在一起，則不太會顯現危機
行為，危機行為多半是在以班級為單位進行活動時出現（也就是
說，所有人處於相同之結果），如果要求其在教室活動中獨自完
成某一項工作，危機行為便會出現二至三分鐘，如果獲得老師
（不論是正面或負面）之注意，則該行為會持續下去。由於未能
與 Mara 之家庭持續溝通，而無法界定對其產生影響之較遠的場
地事件。Mara 之評鑑資料圖如圖3.4所示。

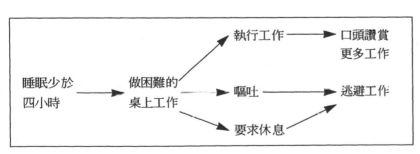

**圖3.3　Derrick 擴大的相對行為模式**

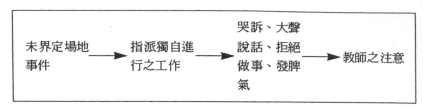

圖3.4　Mara 的評鑑資料

　　欲完成相對行為模式，首先得決定想要的行為。此一個案中，工作人員希望不論進行何種活動，Mara 都能持續下去。進行活動之結果，極可能是一項進行完畢以後又有另一項要進行，而極少能獲得注意。界定之相等反應（equivalent response）為以口頭方式要求老師有所回饋（feedback）或協助而獲得老師的注意。這是 Mara 做得到的，但是她並未有效運用此一技巧。Mara 之完整的相對行為圖如圖3.5 所示。

　　建構相對行為模式時，有許多情況是很難或不適於界定相等及想要之行為模式。根據我們的經驗，即使是在這類情況下，模

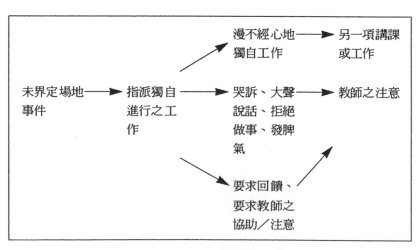

圖3.5　Mara 的相對行為模式圖

式的建立仍有助於開展有效之支持計畫。比方說，Marlene 七年級的生物老師在課堂上並無意為 Marlene 界定替代方式以獲取同伴的注意，Marlene 大聲說話所產生的相對行為模式如圖 3.6。

　　現在，再回到你熟知的個案及情況所發展之功能評鑑圖（圖 3.1）。複製該表作為圖 3.7 之上部（附錄 G 為一份空白表格）。先決定「想要」的行為，將其置於你所做流程圖中危機行為的上方，想想看個案在採取想要行為後通常會產生何種結果，將該結果列為「維持的結果」。完成上述步驟後，界定一個社會所認可的行為與危機行為獲得相同結果、而又比危機行為來得容易又有效之相等行為，將該行為置於危機行為下方。到此為止，你已完成三項建構相對行為模式步驟中的兩項。

### 步驟3：選擇處遇程序

　　此步驟之目的不在指定某種如暫停之技巧以消除危機行為，而是要架構起場地事件中的一連串改變，以減少危機行為發生之可能性，增進替代之適當方式，並能適切配合必須執行該程序者之價值觀、資源及技能。你的目標是在使得危機行為變得不相關、無效率且無效。

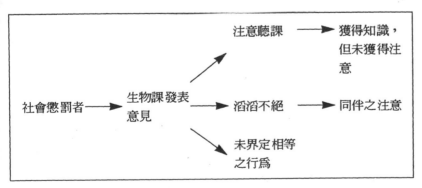

圖3.6　Marlene 的相對行為模式

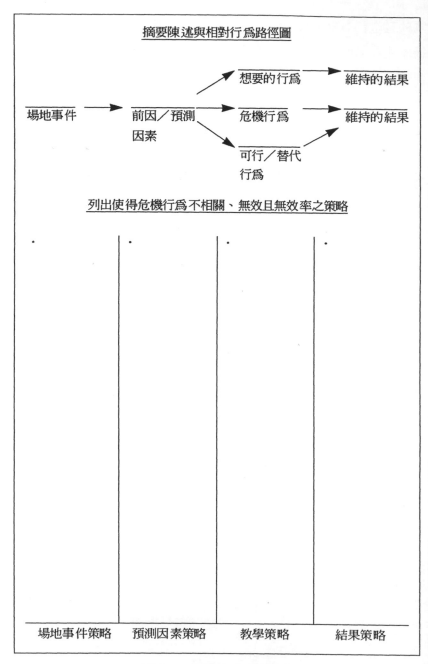

圖3.7　相對行為模式圖

建構行為支持計畫常用的方式是自危機行為的結果著手。不過，我們也發現若從結果下手有時會導致過度注重計畫中的此一部分，以及使用過多的干擾性程序（intrusive procedures）。以下是我們建議的程序。

聚集將執行行為支持計畫的人。

建構出相對行為模式，並檢討其邏輯性和架構。對於功能評鑑之摘要陳述應有一基本認同。

從較久以前的場地事件著手，並界定使該類事件較不可能發生或較不具影響之變更。場地事件上的改變可以使得危機行為不相關。在你所規劃的圖3.7相對行為模式中，在場地事件欄列舉出你認為所可能做的改變。

緊接著，著重在立即前因事件上（immediate antecedent events）所可能做的改變。前因事件上的何種改變可以使得危機行為不相關？請考慮以下因素：日常作息、鼓勵或協助的程度、工作之內容或特性、在何種群體中完成工作；你可以提供何時該進行或完成某項工作之更明確資料，縮短工作時間，使得工作與個人更為相關，將簡單與困難的工作相隔，提供適當行為之可能修正，以及更明確說明所預期之行為。將可能之前因性改變列於圖3.7之預測因素策略欄（有關前置操作請參考附錄A之詳細附錄）。

列出教導及鼓勵想要和替代行為之策略。是否該教導該個案想要的或相等行為？必須謹記在心的是，只是知道如何（how）表現一技巧並不足夠，一技巧是否發生作用，還得看是何時（when）表現該技巧。我們通常都假定由於個案已顯示其能進行某些行為，他們便會在所有適當之情況下運用該行為。我們可以假定有些時候他們不運用想要的行為是出自自己的選擇，而非未

曾教導該行為在該情況是有效的。我們的目標是在界定比危機行為更為有效，而得以教導個案之新行為，教導之重點因而應同時著重於如何進行該類行為，以及如何區辨應於何時使用新行為。

請記得最有效之行為管理工具中，教導即是隨手可得的一項。在許多情況下，有效減少危機行為的關鍵，即在於有效教導新行為。學習如何教導、學習如何選擇及安排教學情境順序之方針。學習呈現教學考驗（teaching trials）之程序，以便傳達明確之訊息。學習如何同時教導群體及個人。學習如何讚美正確的反應，以及漠視或矯正錯誤行為。學習如何運用錯誤模式（error patterns）以調整教學。學習如何教導。在圖3.7相對行為模式之「教學策略」欄列出教導上的建議。

檢視如何改變結果，以使得正面而相對之行為更容易產生。結果來自行為，你所獎懲的是行為，而非個人。思考的重點，應從危機行為所獲得之增強效果的程度來衡量。如危機行為為逃避不愉快事件而持續，衡量逃避該事件之可能價值（possible value）。任一事件之獎懲並不是相當的，人們對不同事物之好惡可能相去甚遠，任一事件可能是極端地或僅些微地增強，而且增強物的價值持續地改變，務必使得適當行為之獎賞等於或大於危機行為之所得。

如危機行為比想要行為產生更強的增強，則須考慮兩項策略。首先，提高想要行為的增強價值，其次則是降低危機行為增強價值（不給予增強或是增加處罰）。其目標是使得危機行為無效率。思考如何改變危機行為與想要行為間之相對（comparative）結果，使得想要行為能穩占上風。

將你所建議之變更結果列於圖3.7之適當欄位內。

進行至此，將要執行處遇程序之所有相關人員的面前，已有

一份在環境上可作改變之建議清單。有些變更在本質上是結構性的——變更物理環境、改變用藥或變更日常作息。另有一些變更是與工作人員之行為直接相關——變更進行工作的方式,如何傳遞懲戒之訊息,以及如何運用增強物。現在,讓所有參與人員界定所列概念中他們認為「可行者」。與所有人員決定將執行之作息、教導及其他方面改變等的特定方式。支持計畫行不行得通的關鍵,往往正是取決於一些細節。

圖 3.8 為 Mara 之相對行為模式,前面已經提及,如果得不到教師之注意,她便會哭訴、大聲說話及拒絕做事。檢視在圖 3.8 中由 Mara 的老師所發展出的相對行為模式。

接下來的三個圖也是以相對行為模式來設計行為支持計畫的範例。各範例都是以對個案之摘要陳述以及所做之評鑑內容為開始,檢視其內容,並注意各相對行為模式對可能產生之不同問題所做敘述(例如,未界定想要行為、未界定相等行為等等)。附錄 G 為空白之相對行為模式表。影印一份空白表格,與處遇程序小組討論應填入之實際內容。

## Erica 之相對行為模式

Erica 今年十一歲,經診斷有嚴重之智力障礙。她只能以單字與他人溝通,但是領悟力強(good receptive language)。她的家人全力支持她,而她也在同儕教師以及兼職之教學助教的協助下,上正規之五年級課程,並有一位特殊教育老師為其調整課程內容。Erica 的學校教育得以進行,主要靠其與特定同伴所發展出的社會關係來支持。不過,當 Erica 必須獨自完成指派給她的工作時,她會發出很大的聲響(大聲說話),並離開座位去與其

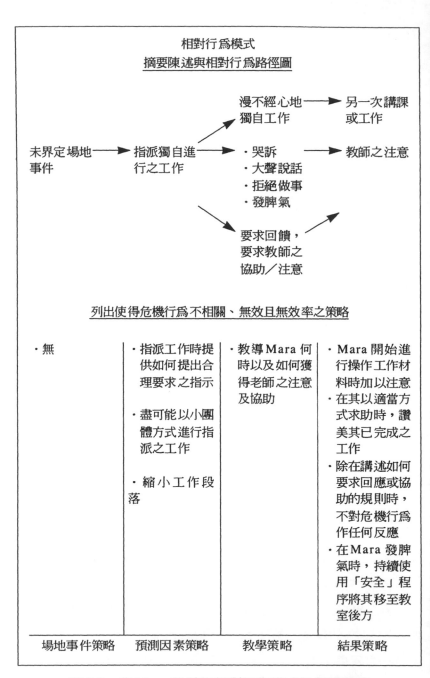

圖 3.8　為 Mara 設計的相對行為模式及處遇策略

他學生有所互動。老師認為其舉止相當妨礙教室秩序。教師之評鑑為其行為旨在獲得同伴之注意，且通常是在要求 Erica 作獨立性之工作，而她長時間未能與同伴接觸的狀況下發生。Erica 的老師、特殊教育工作人員以及 Erica 的母親為她共同開展之相對行為計畫詳見圖 3.9。

## Cornell 之相對行為模式

Cornell 是個小可愛。他今年六歲，有包括自閉及嚴重智性障礙等一長串的殘障標籤。Cornell 不用字來說話，而且似乎與別人有不同的瞭解。他的棕色大眼睛能融化你的心，但是也有人形容他是「意志堅定」、「難以溝通」及「孤僻」。每天 Cornell 都花上很長的時間坐著，並以他的右手腕拍擊（打擊）其右太陽穴。其動作持續且有節奏。他這種打頭的動作尤其是在未安排預定之活動時最常發生。如在上學前沒有服藥，這種打頭的動作更為頻繁。Cornell 的老師試著找出所以如此的可能因素，結論是，該動作純粹出於因動作所產生的結果；也就是說，該動作可能會對 Cornell 產生某些正面的效果。Cornell 之相對行為模式見圖 3.10。

## Stewart 之相對行為模式

Stewart 十二歲，唸七年級，是班上的「萬人迷」。他高、帥、好口才，各科成績大多為 B 或 C。Stewart 沒什麼殘障標籤，但是過去三年來，他在學校中顯現出愈來愈多的障礙，並常伴隨著打架。打架的頻率大約是兩星期一次。兩個月前，他重傷

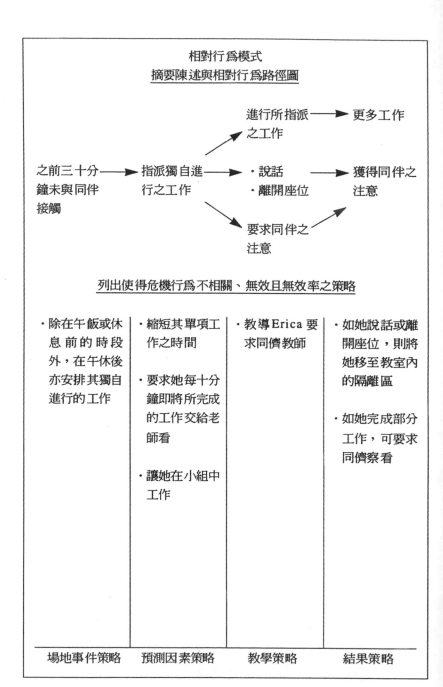

圖3.9　為 Erica 設計的相對行為模式及處遇策略

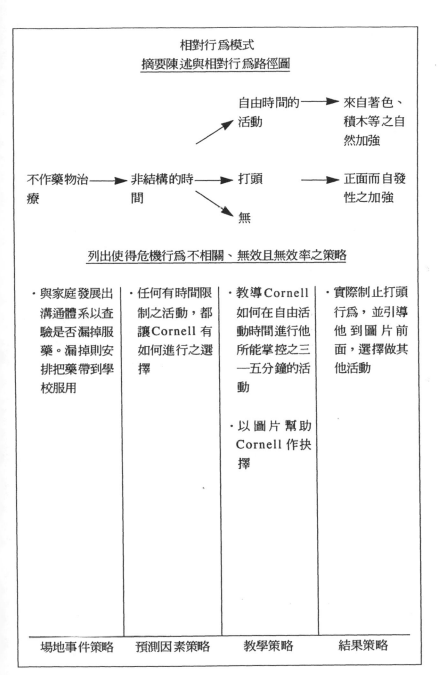

相對行為模式
摘要陳述與相對行為路徑圖

不作藥物治 ──▶ 非結構的時 ──▶ 打頭 ──────▶ 正面而自發
療　　　　　 間　　　　　 無　　　　　　 性之加強

自由時間的 ──▶ 來自著色、
活動　　　　 積木等之自
　　　　　　 然加強

列出使得危機行為不相關、無效且無效率之策略

| · 與家庭發展出溝通體系以查驗是否漏掉服藥。漏掉則安排把藥帶到學校服用 | · 任何有時間限制之活動，都讓 Cornell 有如何進行之選擇 | · 教導 Cornell 如何在自由活動時間進行他所能掌控之三—五分鐘的活動<br><br>· 以圖片幫助 Cornell 作抉擇 | · 實際制止打頭行為，並引導他到圖片前面，選擇做其他活動 |
|---|---|---|---|
| 場地事件策略 | 預測因素策略 | 教學策略 | 結果策略 |

圖 3.10　為 Cornell 設計的相對行為模式及處遇策略

一位同學，並曾多次因割傷及打傷自己而就醫。Stewart 並未接受特殊教育，但他是就讀中學學校老師密切關切的對象。根據與老師所進行之溝通，他在打架後向副校長所做之口頭報告，以及對他所做之初步觀察，似乎 Stewart 都是在其他學生之言語或動作使得他動怒時才會產生打架行為。Stewart 的口頭威脅通常會被同學頂回來。然後雙方便會在都認為是對方「先動手的」情況下產生肢體衝突。如果 Stewart 在家中亦與家人產生衝突，到校後更容易與他人有摩擦。其相對行為模式見圖3.11。

# Curtis 之相對行為模式

最後一個範例，讓我們回到之前曾討論過的 Curtis 案。下述三項摘要陳述即是針對 Curtis 的，而且經由直接觀察而確證的：

1. 如果要求 Curtis 進行較難或者是其所不喜歡的數學或閱讀作業，他會為了逃避而罵髒話及／或丟東西。
2. 如果同伴有一樣 Curtis 所想要的玩具或東西，他會撞及／或抓同伴，強迫其交出他所想要的玩具。
3. 在團體活動或是其他無法獲得足夠注意的情況時，Curtis 會呼喚教師的名字及／或拍擊桌面試圖引起注意。

圖3.12、圖3.13及圖3.14是與各摘要陳述相關之相對行為模式與處遇策略。請注意如果界定出多重摘要陳述（即是，在不同情況之不同功能），則對每一摘要陳述都會有一相對行為模式。整體之支持計畫則會自多重相對行為模式發展出綜合性之策略。

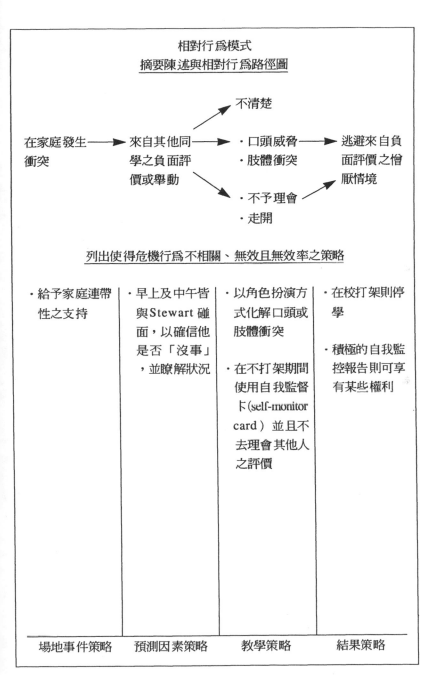

圖3.11 為Stewart設計的相對行為模式及處遇策略

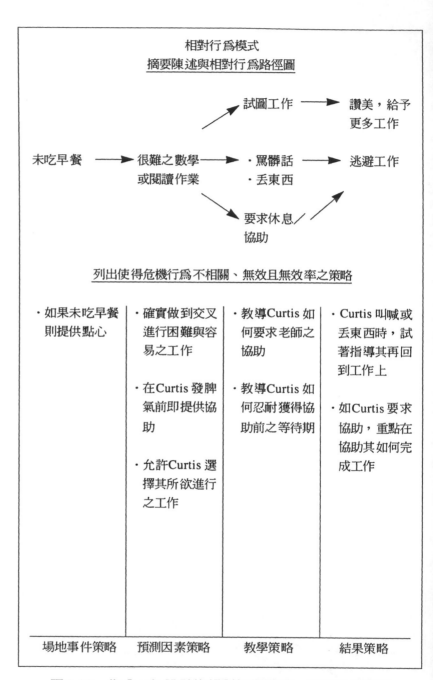

圖3.12　為Curtis設計的相對行為模式：叫喊及丟東西

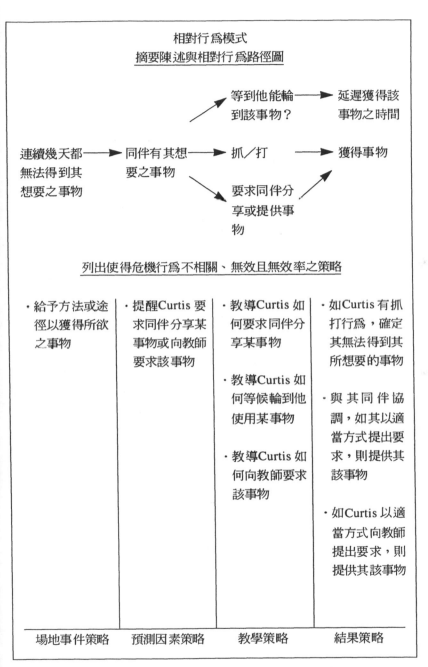

相對行為模式
摘要陳述與相對行為路徑圖

連續幾天都 ——→ 同伴有其想 ——→ 抓／打 ——→ 獲得事物
無法得到其　　　　 要之事物
想要之事物

等到他能輪 ——→ 延遲獲得該
到該事物？　　　 事物之時間

要求同伴分
享或提供事
物

列出使得危機行為不相關、無效且無效率之策略

| 場地事件策略 | 預測因素策略 | 教學策略 | 結果策略 |
|---|---|---|---|
| ·給予方法或途徑以獲得所欲之事物 | ·提醒Curtis要求同伴分享某事物或向教師要求該事物 | ·教導Curtis如何要求同伴分享某事物<br><br>·教導Curtis如何等候輪到他使用某事物<br><br>·教導Curtis如何向教師要求該事物 | ·如Curtis有抓打行為，確定其無法得到其所想要的事物<br><br>·與其同伴協調，如其以適當方式提出要求，則提供其該事物<br><br>·如Curtis以適當方式向教師提出要求，則提供其該事物 |

圖3.13　為Curtis設計的相對行為模式：摌、抓

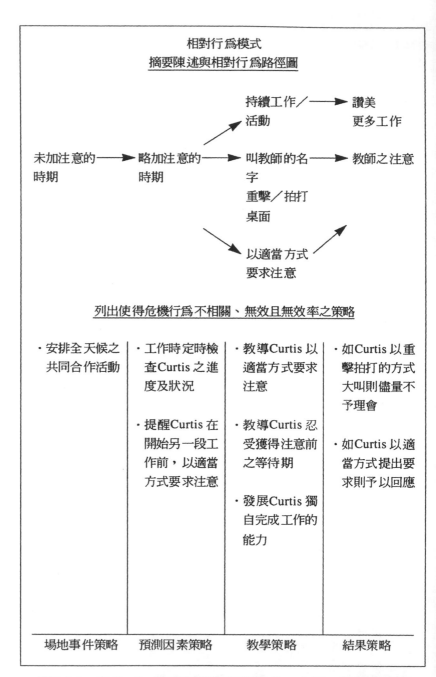

圖3.14　為Curtis 設計的相對行為模式：大叫、拍打及重擊

# 第四章
# 撰寫行為支持計畫

為何撰寫行為支持計畫？
行為支持計畫之要件

對於個人可能展現之不受歡迎行為，行為支持計畫係界定吾人所欲進行改善，及如何有效進行之專業文件。多數的州、學校行政區以及支持組織都有其提出行為支持計畫之特定格式。該類表格有助於具體提出及修正可行之支持計畫。

就我們對行為支持之規劃，行為支持計畫僅為相對行為模式策略之專業敘述。相對行為模式有如一份藍圖，欲進行建構的人可用以建出一幢完整的房子。同樣地，相對行為模式對於正式的行為計畫及如何實現該計畫亦是一份實用之藍圖。

# 為何撰寫行為支持計畫？

書面的行為支持計畫有其多重功能。其一，該計畫係呈現一有條理、有規劃的支持計畫的專業文件，得以呈現一計畫之法定、行政及專業水準。

另一方面，行為支持計畫格式得以清楚界定確切之行事步驟以減少危機行為。提出任何計畫皆應清楚界定其假設，讓參與該計畫者得知其責任。有效率之書面計畫有助於貫穿計畫之一致性，使得各方面的人員能遵行程序進行；對掌控進度有一清楚策略；並在目標對象之行為及背景環境有所改變時，得以依格式修正支持程序。

# 行為支持計畫之要件

行為支持計畫之核心為：(1)以功能評鑑的結果為基礎；(2)

是否符合行為之基本原則；以及(3)是否與該環境中所有人之價值、資源及技巧有其脈絡上之「呼應」。一個計畫的有效性取決於：(1)工作人員／家庭之行為改變後的結果；以及(2)由於工作人員／家庭之行為改變，對接受支持者之行為上所產生的變化。許多用以提出行為計畫之格式都非常實用。不論使用何種表格，任何好的行為支持計畫皆應含括以下諸項重要特色：

1. 危機行為之操作性敘述。
2. 功能評鑑之摘要陳述。
3. 使得危機行為不相關、無效率且無效之一般性途徑（general approach）。
   (1)場地事件策略。
   (2)近因預測因素策略。
   (3)教學性處遇（教導什麼）。
   (4)結果式處遇（為維護想要及替代之行為以及減少危機行為之結果）。
4. 對於「典型之例行工作」，以及「最困難之狀況」之特殊描述。
5. 計畫之監控及評估。

## 操作性描述

　　行為支持計畫應包括對危機行為之清楚敘述。該敘述應遵循傳統之行為機制，使得閱讀該計畫的人能界定一行為是否為危機行為。

## 摘要陳述

一行為支持計畫應包括衍自功能評鑑之摘要陳述。這是多數行為計畫所常忽略的一環。由經驗得知,一致性之摘要陳述有助於貫徹實施該計畫,此外,記述行為支持計畫之摘要陳述亦可確保計畫中之所有程序性要素,與得自功能評鑑之資訊在概念上是一致的。有時候,摘要陳述僅為書面資料;有時候,亦可用於提供相對之行為模式。多數時候,工作人員僅將相對之行為模式(參見圖3.7及附錄G)附於行為支持計畫之陳述中。

不論採用上述之何種形式,關鍵在於須確定摘要陳述及其所含括之前提為行為支持計畫之主要部分。

## 一般性途徑

行為支持計畫之一般性途徑部分,係對經由相對行為模式所發展出之處遇程序所作的敘述。其整體性目標為界定一套使得危機行為不相關、無效率且無效之程序。多數情況下,此部分至少須包括以下四項細目:(1)場地事件策略;(2)近因預測因素策略;(3)教學策略;以及(4)結果策略,並應清楚界定工作人員/家庭應如何進行以減少危機行為。

## 主要之例行工作

任一行為支持計畫皆無法細述該計畫中之每一可能的互動或事件。然而,多數情況下若能記錄最常之例行事件,以及最困難

之問題狀況，則攸關且有助於計畫之進行。

　　有效之行為支持計畫應詳細記錄最艱險之行為狀況發生時是如何回應。雖然每一計畫皆會事先盡力設定得以減少危機行為產生之程序，家庭／工作人員仍應假定任何一個人在過去所曾發生之危機行為，未來仍有可能發生。未能清楚界定因應此類情況之程序，則為不完備之行為支持計畫。

## 計畫之監控及評估

　　任何行為支持計畫皆應接受持續性之評估。其中兩大評估項目為：(1)該計畫是否對目標情境中之工作人員、家庭及相關人士之行為有任何影響？以及(2)該計畫是否對目標者（target person）之行為有任何影響？就時間觀點而言，我們所衡量的是目標者之行為，並推論該計畫對工作人員／家庭之行為的影響。

　　行為支持計畫中界定監控及評估程序之部分應指出：(1)用以蒐集資料之系統，以及(2)檢視資料之程序（頻率及執行者）。例如，以功能評鑑觀察表蒐集資料；由各教室之工作人員每天早上檢視資料；以及每週一次由教師及行為顧問（behavior consultant）就資料進行簡短而正式之檢視等。每週之簡報由學生帶回家，並規劃每月或每季與主要之個人教育計畫（individual education plan, IEP）成員會晤。

　　行為支持計畫不但表格繁多，且內容冗長。若敘述危及生命之行為的複雜計畫，一份報告可能長達多頁，也有的計畫只須一、兩頁就交代清楚了。一個計畫之長短受多項因素影響，其中只有部分與是否能有效改變行為相關。較長的計畫未必就較為有效率或較為可行。

# 行為支持計畫之範例：Mara

　　本手冊前面的章節曾經提及一位名叫Mara的八歲女孩在二年級時所遭遇的困難。Mara沒有任何殘障之特徵，但是在二年級時脾氣變得愈來愈暴躁，她的老師要求對她進行評估，可能的話，亦將其轉往較為適合她的班級。圖3.8即為依相對之行為模式對Mara所進行之功能評鑑面談及觀察結果。其教師及行為專家依據相對之行為模式所界定之處遇策略則列於圖3.8。為此處遇策略所提出之行為支持計畫則為圖4.1。

---

### Mara 的行為支持計畫

**危機行為**

1. 哭鬧：發出高頻率之吵鬧聲或變調的聲音。
2. 說話：未得老師允許，於各自在位子上做事時說話。
3. 拒絕做事：無意去做或進行指派給她的工作。
4. 發脾氣：尖叫、踢打其他人；損壞公物；丟東西。

**功能評鑑之摘要陳述**

　　每當規定在座位上做事，而老師或其他人有5-10分鐘未加注意，Mara即會哭鬧、說話、拒絕做事及／或發脾氣。即使老師明白表示不要Mara有這類危機行為，Mara仍會藉此以吸引老師的注意。並未界定明確的場地事件。以相對之行為模式組織支持計畫。

---

**圖4.1　為Mara設計的行為支持計畫範例**

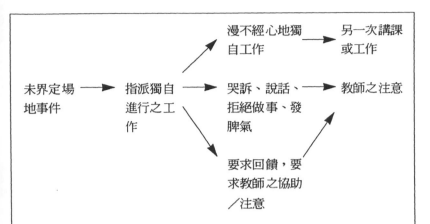

**一般性途徑**

場地事件策略：無

預測因素策略：特定之程序包括：(1)在把工作交給Mara時先行糾正其行為，讓其依程序練習以獲得教師之注意；(2)變更指派給Mara獨自進行之工作，讓她有多項小項之工作，並分別於各小項工作完成後交給老師（應注意的是，由於並未提及工作本身過於困難，因此無須改變工作之內容）；(3)試著使其加入小團體以進行工作之可能性，如此則不須教師多加留意。

教學策略：就(1)以其手上之材料，如何進行較短時間之工作；(2)如何要求老師協助（如舉手等）；以及(3)如何在完成部分工作時向老師報告等，給Mara一次10分鐘之訓練課程。

結果策略：

1. 教師會在Mara初次開始進行指派給她的獨立工作時加以提示。

2. 如Mara完成部分工作並交給老師，老師會暫停活動，讚美她所完成的工作，並肯定要求其進行下一部分工作。

3. 如Mara尖叫、大聲說話或拒絕，教師應不去理睬其行為，或是問她：「尋求協助的正確方式是什麼？」「如何以正確方式告訴我妳已完成工作？」

（續）圖4.1　為Mara設計的行為支持計畫範例

4. 如 Mara 發脾氣，教師應繼續以校方核可之「安全」計畫防護 Mara 傷害她自己或其他學生。如 Mara 之行為危及其他孩子，老師應將其他學生撤至走廊，並要求辦公室之其他人員協助。

例行工作

個人之數學習題：通常是要完成30道習題。在第10及第20題後面畫一條清楚的線。指派作業時，告訴 Mara 在完成10題時把作業拿給你看，並告訴她如需協助應如何提出要求（如舉起手來）。把其餘之作業交還給她時，應注意她是否開始進行，並註明她（及其他人）皆已開始。

當她完成指定作業並交給你時，讚美其行為（不要當場改她的作業），誇獎她已很有進步，並審視她在再來找你之前還需做多少習題。

發脾氣：如 Mara 開始尖叫、丟東西或打其他人，要她到教室後面，把她和其他學生隔開來。必要時以對講機要求協助。以「安全」程序實際導引 Mara，必要時須保護其他學生。如 Mara 繼續發飆，將學生疏散至走廊。喧鬧中最需注意的是：(1)避免傷到 Mara；(2)避免傷到其他學生；以及(3)避免公物受損。由於發飆之情況可能持續上一陣子，安全問題不可大意。現階段 Mara 發脾氣之情況並不多見，並無理由加入更多之干擾性程序。

監控及評估

我們將使用功能評鑑觀察表以監控 Mara 在(1)尖叫；(2)大聲說話；(3)拒絕做事；以及(4)大發雷霆等之頻率。教師會在每天早上開始上課前即進行觀察，並且每週由教師及行為專家會商，以決定是否須變更計畫。計畫進行後之三個月內，教師、行為專家、父母以及一位行政人員會正式檢討計畫之執行成果。

**（續）圖4.1　為 Mara 設計的行為支持計畫範例**

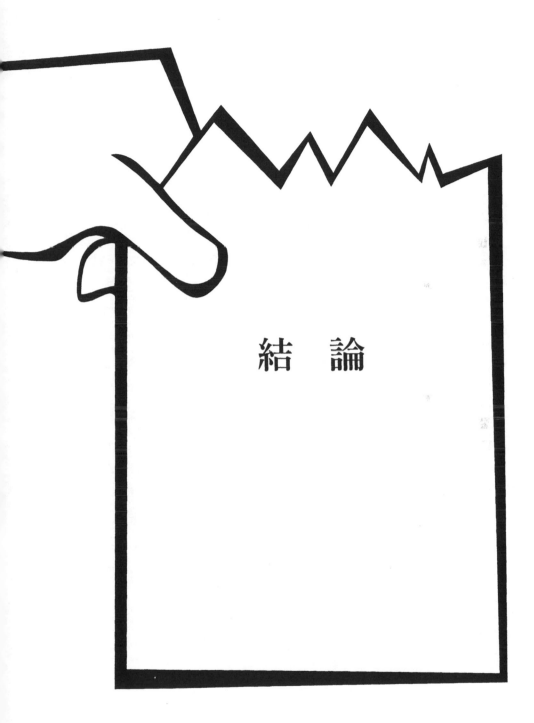

結　論

唯有在社會能設計環境及提供支持以預防、取代及減少危機行為發生的前提下，危機行為兒童或成人才可能更積極參與社會，及對社會有所貢獻。以我們今日所具有之資源、各方面條件，以及對病因學（etiology）之瞭解，較之以往在面對此一挑戰的情況下，已處於長足進步之有利環境。同時，也由於對行為原則之進一步瞭解，不論是對有危機行為之個人，或是該個人周遭的人，都有所助益。

　　功能評鑑是有效之行為支持的關鍵。從許多方面來看，功能評鑑皆與行為支持相關之價值及技巧有密切關係。許多研究報告都記載了功能評鑑程序之意義，諸多書籍也認定行為程序之有效性。本書旨在統合評鑑與支持方面之進展及如何處遇之策略。

　　你至少需使用本書之工具 —— 功能評鑑面談（FAI）、學生 FAI、功能評鑑觀察表（FAO），以及相對行為模式（Competing Behavior Model）—— 三次以上，以增進熟悉度與流暢度。初次進行時，你也許會覺得不順手，而且得花許多時間來進行各個程序。再次進行，便會覺得快速且容易得多。到了第三次，不但熟能生巧，而且可能依你手上個案之情況而進行程序上之調整。將本書之工具及程序運用過三次以上後，應自問是否：(1)更可能進行功能評鑑；(2)進行功能評鑑時是否更有效率；(3)進行功能評鑑後是否有更深入之瞭解；以及(4)是否更能將得自功能評鑑之資料轉化為有效之行為支持計畫。如果上述問題的答案是肯定的，請繼續有效使用這些工具。

　　我們以極深敬意視行為分析為理論，並以其為技巧加以運用。希望本書之資料能協助教師、臨床學家及家庭以設計及執行有效之行為支持，進而能降低個人危機行為之嚴重性，以及增進並改善生活之品質。

附錄 A
功能評鑑相關文獻
一覽表

# 有關積極的行為支持方法的
# 參考書目和資料

Carr, E. G., & Carlson, J. I. (1993). Reduction of severe behavior problems in the community using multi-component treatment approaches: Extension into community settings. *Journal of Applied Behavior Analysis, 26,* 157–172.

Carr, E. G., Levin, L., McConnachie, G., Carlson, J. I., Kemp, D. C., & Smith, C. (1993). Communication-based treatment of severe behavior problems. In R. Van Houten & S. Axelrod (Eds.), *Behavior analysis and treatment* (pp. 231–267). New York: Plenum.

Carr, E. G., Levin, L., McConnachie, G., Carlson, J. I., Kemp, D. C. & Smith, C. E. (1994). *Communication-based intervention for problem behavior: A user's guide for producing positive change.* Baltimore: Paul H. Brookes.

Carr, E. G., Robinson, S., & Palumbo, L. W. (1990). The wrong issue: Aversive vs. nonaversive treatment. The right issue: Functional vs. nonfunctional treatment. In A. C. Repp & N. N. Singh (Eds.), *Perspectives on the use of nonaversive and aversive interventions for persons with developmental disabilities* (pp. 361–379). Pacific Grove, CA: Brooks/Cole.

Cataldo, M. F., & Harris, J. (1982). The biological basis for self-injury in the mentally retarded. *Analysis and Intervention in Developmental Disabilities, 2,* 21–39.

Catania, A. C. (1992). *Learning* (3rd ed.). Englewood Cliffs, NJ: Prentice Hall.

Donnellan, A. M., LaVigna, G. W., Zambito, J., & Thvedt, J. (1985). A time-limited intensive intervention program model to support community placement for persons with severe behavior problems. *Journal of the Association for Persons with Severe Handicaps, 10,* 123–131.

Donnellan, A. M., LaVigna, G. W., Negri-Shoultz, N., & Fassbender, L. L. (1988). *Progress without punishment: Effective approaches for learners with severe behavior problems.* New York: Teachers College Press.

Durand, V. M. (1990). *Severe behavior problems: A functional communication training approach.* New York: Guilford.

Durand, V. M., & Kishi, G. (1987). Reducing severe behavior problems among persons with dual sensory impairments: An evaluation of a technical assistance model. *Journal of the Association for Persons with Severe Handicaps, 12,* 2–10.

Dyer, K., Dunlap, G., & Winterling, V. (1990). The effects of choice-making on the serious problem behaviors of students with developmental disabilities *Journal of Applied Behavior Analysis, 23,* 515–524.

Favell, J. E., McGimsey, J. F., & Schell, R. M. (1982). Treatment of self-injury by providing alternate sensory activities. *Analysis and Intervention in Developmental Disabilities, 2,* 83–104.

Foster-Johnson, L., Ferro, J., & Dunlap, G. (1994). Preferred curricular activities and reduced problem behaviors in students with intellectual disabilities. *Journal of Applied Behavior Analysis, 27,* 493–504.

Helmstetter, E., & Durand, V. M. (1991). Nonaversive interventions for severe behavior problems. In L. H. Meyer, C. A. Peck, & L. Brown (Eds.), *Critical issues in the lives of people with severe disabilities* (pp. 559–600). Baltimore: Paul H. Brookes.

Horner, R. H., Albin, R. W., & O'Neill, R. E. (1991). Supporting students with severe intellectual disabilities and severe challenging behaviors. In G. Stoner, M. R. Shinn, & H. M. Walker (Eds.), *Interventions for achievement and behavior problems* (pp. 269–287). Washington, DC: National Association of School Psychologists.

Horner, R. H., & Carr, E. G. (1996). *Behavioral support for students with severe disabilities: Functional assessment and comprehensive intervention.* Manuscript submitted for publication.

Horner, R. H., Close, D. W., Fredericks, H. D., O'Neill, R. E., Albin, R. W., Sprague, J. R., Kennedy, C. H., Flannery, K. B., & Tuesday-Heathfield, L. (1996). Supported living for people with profound disabilities and severe problem behaviors. In D. H. Lehr & F. Brown (Eds.), *People with disabilities who challenge the system* (pp. 209–240). Baltimore: Paul H. Brookes.

Horner, R. H., Dunlap, G., Koegel, R. L., Carr, E. G., Sailor, W., Anderson, J., Albin, R. W., & O'Neill, R. E. (1990). Toward a technology of "nonaversive" behavioral support. *Journal of the Association for Persons with Severe Handicaps, 15*(3), 125–132.

Kincaid, D. (1996). Person-centered planning. In Koegel, L. K., Koegel, R. L., & Dunlap, G. (Eds.), *Positive behavioral support: Including people with difficult behavior in the community* (pp. 439–465). Baltimore: Paul H. Brookes.

Koegel, L. K., Koegel, R. L., & Dunlap, G. (1996). *Positive behavioral support: Including people with difficult behavior in the community.* Baltimore: Paul H. Brookes.

Koegel, L. K., Koegel, R. L., Hurley, C., & Frea, W. D. (1992). Improving social skills and disruptive behavior in children with autism through self-management. *Journal of Applied Behavior Analysis, 25*(2), 341–353.

LaVigna, G. W., & Donnellan, A. M. (1986). *Alternatives to punishment: Solving behavior problems with nonaversive strategies.* New York: Irvington.

LaVigna, G. W., Willis, T. J., & Donnellan, A. M. (1989). The role of positive programming in behavioral treatment. In E. Cipani (Ed.), *The treatment of severe behavior disorders: Behavior analysis approaches* (pp. 59–83). Washington, DC: American Association on Mental Retardation.

Lucyshyn, J. M., & Albin, R. W. (1993). Comprehensive support to families of children with disabilities and behavior problems: Keeping it "friendly." In G. H. S. Singer & L. E. Powers (Eds.), *Families, disability, and empowerment: Active coping skills and strategies for family interventions* (pp. 365–407). Baltimore: Paul H. Brookes.

Lucyshyn, J. M., Nixon, C. D., Glang, A., & Cooley, E. (in press). Comprehensive family support for behavioral change in children with traumatic brain injury. In G. H. S. Singer, A. Glang, & J. Williams (Eds.), *Families and children with acquired brain injury: Challenges and adaptation.* Baltimore: Paul H. Brookes.

Lucyshyn, J. M., Olson, D., & Horner, R. H. (1995). Building an ecology of support: A case study of one young woman with severe problem behaviors living in the community. *Journal of the Association for Persons with Severe Handicaps, 20,* 16–30.

Meyer, L. H., & Evans, I. M. (1989). *Nonaversive intervention for behavior problems: A manual for home and community.* Baltimore: Paul H. Brookes.

Mount, B. (1991). *Person-centered planning: A sourcebook of values, ideals and method to encourage person-centered development.* New York: Graphic Futures.

National Institutes of Health. (1989, September). *Treatment of destructive behaviors.* Rockville, MD: Abstracts presented at NIH Consensus Development Conference.

Newton, J. S., Ard, W. R., & Horner, R. H. (1993). Validating predicted activity preferences of individuals with severe disabilities. *Journal of Applied Behavior Analysis, 26,* 239–245.

Nyhan, W. L., Johnson, H. G., Kaufman, I. A., & Jones, K. L. (1980). Serotonergic approaches to the modification of behavior in the Lesch-Nyhan syndrome. *Applied Research in Mental Retardation, 1,* 25–40.

O'Brien, J., Mount, B., & O'Brien, C. (1991). *Framework for accomplishment: Personal profile.* Decatur, GA: Responsive Systems Associates.

Reichle, J., & Wacker, D. P. (1993). *Communicative alternatives to challenging behavior: Integrating functional assessment and intervention strategies.* Baltimore: Paul H. Brookes.

Risley, T. (1996). Get a life! Positive behavioral intervention for challenging behavior through life arrangement and life coaching. In L. K. Koegel, R. L. Koegel, & G. Dunlap (Eds.), *Positive behavioral support: Including people with difficult behavior in the community* (pp. 425–437). Baltimore: Paul H. Brookes.

Vandercook, T., York, J., & Forest, M. (1989). The McGill Action Planning System (MAPS): A strategy for building the vision. *Journal of the Association for Persons with Severe Handicaps, 14,* 202–215.

Van Houten, R., Axelrod, S., Bailey, J. S., Favell, J. E., Foxx, R. M., Iwata, B. A., & Lovaas, O. I. (1988). The right to effective behavioral treatment. *The Behavior Analyst, 11,* 111–114.

Wolery, M., Bailey, D. B., & Sugai, G. M. (1988). *Effective teaching: Principles and procedures of applied behavior analysis with exceptional students.* Boston: Allyn & Bacon.

# 有關功能評鑑和方案發展過程的參考書目和資料

Albin, R. W., Horner, R. H., & O'Neill, R. E. (1994). *Proactive behavioral support: Structuring environments.* Eugene: Specialized Training Program, University of Oregon.

Albin, R. W., Lucyshyn, J. M., Horner, R. H., & Flannery, K. B. (1996). Contextual fit for behavioral support plans: A model for "goodness-of-fit." In L. K. Koegel, R. L. Koegel, & G. Dunlap (Eds.), *Positive behavioral support: Including people with difficult behavior in the community* (pp. 81–98). Baltimore: Paul H. Brookes.

Arndorfer, R. E., Miltenberger, R. E., Woster, S. H., Rortvedt, A. K., & Gaffeney, T. (1994). Home-based descriptive and experimental analysis of problem behaviors in children. *Topics in Early Childhood Special Education, 14,* 64–87.

Axelrod, S. (1987). Functional and structural analysis of behavior: Approaches leading to reduced use of punishment procedures. *Research in Developmental Disabilities, 8,* 165–178.

Bailey, J. S., & Pyles, D. A. M. (1989). Behavioral diagnostics. In E. Cipani (Ed.), *The treatment of severe behavior disorders: Behavior analysis approaches* (pp. 85–107). Washington, DC: American Association on Mental Retardation.

Bijou, S. W., Peterson, R. F., & Ault, M. H. (1968). A method to integrate descriptive and experimental field studies at the level of data and empirical concepts. *Journal of Applied Behavior Analysis, 1,* 175–191.

Carr, E. G. (1988). Functional equivalence as a mechanism of response generalization. In R. H. Horner, G. Dunlap, & R. L. Koegel (Eds.), *Generalization and maintenance: Lifestyle changes in applied settings* (pp. 221–241). Baltimore: Paul H. Brookes.

Carr, E. G., & Durand, V. M. (1985). Reducing behavior problems through functional communication training. *Journal of Applied Behavior Analysis, 18,* 111–126.

Carr, E. G., Langdon, N. A., & Yarbrough, S. (in press). Hypothesis-based intervention for severe problem behavior. In A. C. Repp & R. H. Horner (Eds.), *Functional analysis of problem behavior: From effective assessment to effective support.* Pacific Grove, CA: Brooks/Cole.

Carr, E. G., Reeve, C. E., & Magito-McLaughlin, D. (1996). Contextual influences on problem behavior in people with developmental disabilities. In L. K. Koegel, R. L. Koegel, & G. Dunlap (Eds.), *Positive behavioral support: Including people with difficult behavior in the community* (pp. 403–423). Baltimore: Paul H. Brookes.

Cooper, L. J., & Harding, J. (1993). Extending functional analysis procedures to outpatient and classroom settings for children with mild disabilities. In J. Reichle & D. P. Wacker (Eds.), *Communicative alternatives to challenging behavior: Integrating functional assessments and intervention strategies* (pp. 41–62). Baltimore: Paul H. Brookes.

Day, H. M., Horner, R. H., & O'Neill, R. E. (1994). Multiple functions of problem behaviors: Assessment and intervention. *Journal of Applied Behavior Analysis, 27,* 279–289.

Day, R. M., Rea, J. A., Schussler, N. G., Larsen, S. E., & Johnson, W. L. (1988). A functionally based approach to the treatment of self-injurious behavior. *Behavior Modification, 12,* 565–589.

Derby, K. M., Wacker, D. P., Peck, S., Sasso, G., DeRaad, A., Berg, W., Asmus, J., & Ulrich, S. (1994). Functional analysis of separate topographies of aberrant behavior. *Journal of Applied Behavior Analysis, 27,* 267–278.

Derby, K. M., Wacker, D. P., Sasso, G., Steege, M., Northup, J., Cigrand, K., & Asmus, J. (1992). Brief functional assessment techniques to evaluate aberrant behavior in an outpatient setting: A summary of 79 cases. *Journal of Applied Behavior Analysis, 25,* 713–721.

Donnellan, A. M., Mirenda, P. L., Mesaros, R. A., & Fassbender, L. L. (1984). Analyzing the communicative functions of aberrant behavior. *Journal of the Association for Persons with Severe Handicaps, 9,* 201–212.

Dunlap, G., & Kern, L. (1993). Assessment and intervention for children within the instructional curriculum. In J. Reichle & D. Wacker (Eds.), *Communicative approaches to the management of challenging behavior* (pp. 177–203). Baltimore: Paul H. Brookes.

Dunlap, G., Kern-Dunlap, L., Clarke, S., & Robbins, F. R. (1991). Functional assessment, curricular revision, and severe behavior problems. *Journal of Applied Behavior Analysis, 24,* 387–397.

Dunlap, G., Kern, L., dePerczel, M., Clarke, S., Wilson, D., Childs, K. E., White, R., & Falk, G. D. (1993). Functional analysis of classroom variables for students with emotional and behavioral challenges. *Behavioral Disorders, 18,* 275–291.

Durand, V. M. (1988). The motivation assessment scale. In M. Hersen & A. S. Bellack (Eds.), *Dictionary of behavioral assessment techniques.* New York: Pergamon Press.

Durand, V. M., & Carr, E. G. (1987). Social influences on "self-stimulatory" behavior: Analysis and treatment application. *Journal of Applied Behavior Analysis, 20,* 119–132.

Durand, V. M., & Carr, E. G. (1988). Identifying the variables maintaining self-injurious behavior. *Journal of Autism and Developmental Disorders, 18,* 99–117.

Durand, V. M., & Crimmins, D. B. (1988). Identifying the variables maintaining self-injurious behavior. *Journal of Autism and Developmental Disorders, 18,* 99–117.

Durand, V. M., & Crimmins, D. B. (1988). *The motivation assessment scale: An administration manual.* Unpublished manuscript. Albany: State University of New York at Albany.

Farber, J. (1987). Psychopharmacology of self-injurious behavior in the mentally retarded. *Journal of the American Academy of Child & Adolescent Psychiatry, 26,* 296–302.

Flannery, B. K., O'Neill, R. E., & Horner, R. H. (1995). Including predictability in functional assessment and individual program development. *Education and Treatment for Children, 18(4),* 499–509.

Foster-Johnson, L., & Dunlap, G. (1993). Using functional assessment to develop effective, individualized interventions for challenging behaviors. *Teaching Exceptional Children, 25,* 44–50.

Foster-Johnson, L., Ferro, J., & Dunlap, G. (1994). *Curricular Activity Profile.* Tampa: Florida Mental Health Institute, University of South Florida.

Foster-Johnson, L., Ferro, J., & Dunlap, G. (1994). *Curriculum: An introduction to community-referenced curricula.* FMHI Publication Series No. CFS 140. Tampa: Florida Mental Health Institute, University of South Florida.

Frea, W. D., Koegel, L. K., & Koegel, R. L. (1993). *Understanding why problem behaviors occur: A guide for assisting parents in assessing causes of behavior and designing treatment plans.* Santa Barbara: University of California.

Groden, G. (1989). A guide for conducting a comprehensive behavioral analysis of a target behavior. *Journal of Behavior Therapy and Experimental Psychiatry, 20,* 163–169.

Gunsett, R. P., Mulick, J. A., Fernald, W. B., & Martin, J. L. (1989). Indications for medical screening prior to behavioral programming for severely and profoundly mentally retarded clients. *Journal of Autism and Developmental Disorders, 19,* 167–172.

Halle, J. W., & Spradlin, J. E. (1993). Identifying stimulus control of challenging behavior: Extending the analysis. In J. Reichle & D. P. Wacker (Eds.), *Communicative alternatives to challenging behavior: Integrating functional assessments and intervention strategies* (pp. 83–109). Baltimore: Paul H. Brookes.

Haring, T. G., & Kennedy, C. H. (1990). Contextual control of problem behavior in students with severe disabilities. *Journal of Applied Behavior Analysis, 23,* 235–243.

Horner, R. H., & Billingsley, F. F. (1988). The effect of competing behavior on the generalization and maintenance of adaptive behavior in applied settings. In R. H. Horner, G. Dunlap, & R. L. Koegel (Eds.), *Generalization and maintenance: Lifestyle changes in applied settings* (pp. 197–220). Baltimore: Paul H. Brookes.

Horner, R. H., O'Neill, R. E., & Flannery, K. B. (1993). Building effective behavior support plans from functional assessment information. In M. Snell (Ed.), *Instruction of persons with severe handicaps* (4th ed., pp. 184–214). Columbus, OH: Merrill.

Horner, R. H., Vaughn, B., Day, H. M., & Ard, B. (1996). The relationship between setting events and problem behavior. In L. K. Koegel, R. L. Koegel, & G. Dunlap (Eds.), *Positive behavioral support: Including people with difficult behavior in the community* (pp. 381–402). Baltimore: Paul H. Brookes.

Iwata, B. A., Dorsey, M. F., Slifer, K. J., Bauman, K. E., & Richman, G. S. (1982). Toward a functional analysis of self-injury. *Analysis and Intervention in Developmental Disabilities, 2,* 3–20. Reprinted in *Journal of Applied Behavior Analysis,* 1994, *27,* 197–209.

Iwata, B. A., Pace, G. M., Dorsey, M. F., Zarcone, J. R., Vollmer, T. R., Smith, R. G., Rodgers, T. A., Lerman, D. C., Shore, B. A., Mazakski, J. L., Goh, H. L., Cowdery, G. E., Kalsher, M. J., McCosh, K. C., & Willis, K. D. (1994). The functions of self-injurious behavior: An experimental epidemiological analysis. *Journal of Applied Behavior Analysis, 27,* 215–240.

Iwata, B. A., Pace, G. M., Kalsher, M. J., Cowdery, G. E., & Cataldo, M. F. (1990). Experimental analysis and extinction of self-injurious escape behavior. *Journal of Applied Behavior Analysis, 23,* 11–27.

Iwata, B. A., Vollmer, T. R., & Zarcone, J. R. (1990). The experimental (functional) analysis of behavior disorders: Methodology, applications, and limitations. In A. C. Repp & N. N. Singh (Eds.), *Perspectives on the use of nonaversive and aversive interventions for persons with developmental disabilities* (pp. 301–330). Pacific Grove, CA: Brooks/Cole.

Kanfer, F. H., & Saslow, G. (1969). Behavioral diagnosis. In C. M. Franks (Ed.), *Behavior therapy: Appraisal and status* (pp. 417–444). New York: McGraw-Hill.

Kemp, D., & Carr, E. G. (in press). Reduction of severe problem behavior in community employment using an hypothesis-driven multicomponent intervention

approach. *Journal of the Association for Persons with Severe Handicaps.*

Kennedy, C. H., Horner, R. H., & Newton, J. S. (1990). The social networks and activity patterns of adults with severe disabilities: A correlational analysis. *Journal of the Association for Persons with Severe Handicaps, 15*(2), 86–90.

Kennedy, C. H., Horner, R. H., Newton, J. S., & Kanda, E. (1990). Measuring the activity patterns of adults with severe disabilities living in the community. *Journal of the Association for Persons with Severe Handicaps, 15*(2), 79–85.

Kern, L., Childs, K. E., Dunlap, G., Clarke, S., & Falk, G. D. (1994). Using assessment-based curricular intervention to improve the classroom behavior of a student with emotional and behavioral challenges. *Journal of Applied Behavior Analysis, 27,* 7–19.

Kern, L., & Dunlap, G. (in press). Assessment-based interventions for children with emotional and behavioral disorders. In A. C. Repp & R. H. Horner (Eds.), *Functional analysis of problem behavior: From effective assessment to effective support.* Pacific Grove, CA: Brooks/Cole.

Kern, L., Dunlap, G., Clarke, S., & Childs, K. E. (1994). Student-assisted functional assessment interview. *Diagnostique, 19,* 29–39.

Lalli, J. S., & Goh, H. L. (1993). Naturalistic observations in community settings. In J. Reichle & D. P. Wacker (Eds.), *Communicative alternatives to challenging behavior: Integrating functional assessment and intervention strategies* (pp. 11–39). Baltimore: Paul H. Brookes.

Lennox, D. B., & Miltenberger, R. G. (1989). Conducting a functional assessment of problem behavior in applied settings. *Journal of the Association for Persons with Severe Handicaps, 14,* 304–311.

Mace, F. C., & Lalli, J. S. (1991). Linking descriptive and experimental analyses in the treatment of bizarre speech. *Journal of Applied Behavior Analysis, 24,* 553–562.

Mace, F. C., Page, T. J., Ivancic, M. T., & O'Brien, S. (1986). Analysis of environmental determinants of aggression and disruption in mentally retarded children. *Applied Research in Mental Retardation, 7,* 203–221.

Munk, D. D., & Repp, A. C. (1994). Behavioral assessment of feeding problems of individuals with severe disabilities. *Journal of Applied Behavior Analysis, 27,* 241–250.

Myrianthopoulos, N. C. (1981). Gilles de la Tourette syndrome. In P. J. Vinken & G. W. Bruyn (Eds.), *Handbook of clinical neurology, 42,* 221–222. Amsterdam: North Holland.

Northup, J., Wacker, D., Sasso, G., Steege, M., Cigrand, K., Cook, J., & DeRaad, A. (1991). A brief functional analysis of aggressive and alternative behavior in an out-clinic setting. *Journal of Applied Behavior Analysis, 24,* 509–522.

Nyhan, W. L. (1981). Lesch-Nyhan syndrome. In P. J. Vinken & G. Bruyn (Eds.), *Handbook of clinical neurology, 42,* 152–154. Amsterdam: North Holland.

O'Neill, R. E., Horner, R. H., O'Brien, M., & Huckstep, S. (1991). Generalized reduction of difficult behaviors: Analysis and intervention in a competing behaviors framework. *Journal of Developmental and Physical Disabilities, 3*(1), 5–20.

Pyles, D. A. M., & Bailey, J. S. (1990). Diagnosing severe behavior problems. In A. C. Repp & N. N. Singh (Eds.), *Perspectives on the use of nonaversive and aversive interventions for persons with developmental disabilities* (pp. 382–401). Pacific Grove, CA: Brooks/Cole.

Repp, A. C., Felce, D., & Barton, L. E. (1988). Basing the treatment of stereotypic and self-injurious behaviors on hypotheses of their causes. *Journal of Applied Behavior Analysis, 21,* 281–289.

Singh, N. N., & Pulman, R. M. (1979). Self-injury in the de Lange Syndrome. *Journal of Mental Deficiency Research, 23,* 79–84.

Sprague, J. R., & Horner, R. H. (1992). Covariation within functional response classes: Implications for treatment of severe problem behavior. *Journal of Applied Behavior Analysis, 25,* 735–745.

Sprague, J. S., & Horner, R. H. (1995). Functional assessment and intervention in community settings. *Mental Retardation and Developmental Disabilities Research Reviews, 1,* 89–93.

Sprague, J. S., & Horner, R. H. (in press). Low frequency, high intensity problem behavior: Toward an applied technology of functional assessment and intervention. In A. C. Repp & R. H. Horner (Eds.), *Functional analysis of problem behavior: From effective assessment to effective support.* Pacific Grove, CA: Brooks/Cole.

Steege, M. W., Wacker, D. P., Berg, W. K., Cigrand, K. K., & Cooper, L. J. (1989). The use of behavioral assessment to prescribe and evaluate treatments for severely handicapped children. *Journal of Applied Behavior Analysis, 22,* 23–33.

Sturmey, P., Carlsen, A., Crisp, A. G., & Newton, J. T. (1988). A functional analysis of multiple aberrant responses: A refinement and extension of Iwata et al.'s (1982) methodology. *Journal of Mental Deficiency Research, 32,* 31–49.

Touchette, P. E., MacDonald, R. F., & Langer, S. N. (1985). A scatter plot for identifying stimulus control of problem behavior. *Journal of Applied Behavior Analysis, 18,* 343–351.

Tuesday-Heathfield, L., O'Neill, R., Horner, R. H., Ezzell, J., & Ouellette, L. (1992). *The role of multiple functions in behavioral intervention.* Unpublished manuscript.

Vollmer, T. R., Marcus, B. A., Ringdahl, J. E., & Roane, H. S. (1995). Progressing from brief assessments to extended experimental analyses in the evaluation of aberrant behavior. *Journal of Applied Behavior Analysis, 28,* 561–576.

Wacker, D., Steege, M., Northup, J., Reimers, T., Berg, W., & Sasso, G. (1990). Use of functional analysis and acceptability measures to assess and treat severe behavior problems: An outpatient model. In A. C. Repp & N. N. Singh (Eds.), *Perspectives on the use of nonaversive and aversive interventions for persons with developmental disabilities* (pp. 349–359). Pacific Grove, CA: Brooks/Cole.

Wahler, R. G., & Fox, J. J. (1981). Setting events in applied behavior analysis: Toward a conceptual and methodological expansion. *Journal of Applied Behavior Analysis, 14,* 327–338.

附錄B
# 功能評鑑面談表
## （FAI）

# 功能評鑑面談（FAI）

個案 _____ 年齡_____ 性別 男 女

面談日期_____ 面談員_____

受訪者 _____

## A.描述行為

1. 就每一個案之行為，界定其類型（topography）、頻率（每天、每週或每月發生的次數）、期間（行為發生時，為期多久），及強度（行為發生時之傷害或破壞程度）。

| 行為 | 類型 | 頻率 | 期間 | 強度 |
|------|------|------|------|------|
| a. | | | | |
| b. | | | | |
| c. | | | | |
| d. | | | | |
| e. | | | | |
| f. | | | | |
| g. | | | | |
| h. | | | | |
| i. | | | | |
| j. | | | | |

2. 上述行為有哪些會以某種形式一起發生？是否同時發生？是否依某種可預期之頻率或連鎖（chain）發生？是否係回應同一種情況而發生？

_____

_____

## B.界定預測或形成危機行為之生態事件（場地事件）

1. 個案服用何種藥物（如果有的話），你如何判定藥物是否對其產生影響？

_____

_____

2. 個案（是否）因何種醫療或生理狀況而影響其行為（例如氣喘、過敏、出疹子、呼吸感染、突然發作型疾病，或是與月經相關的問題等）？

_____

_____

3. 描述個案之睡眠模式，及這些模式對其行為的影響程度。

_____

_____

4. 描述個案之飲食習慣及特定飲食，及對其行為的影響程度。

_____

_____

5a. 在下表中簡短列出個案典型之活動行程（請勾出其喜好之活動，以及與危機行為最有關之活動）。

| 喜好 | 危機 | | 喜好 | 危機 | |
|---|---|---|---|---|---|
| ☐ | ☐ | 6:00 _____ | ☐ | ☐ | 2:00 _____ |
| ☐ | ☐ | 7:00 _____ | ☐ | ☐ | 3:00 _____ |
| ☐ | ☐ | 8:00 _____ | ☐ | ☐ | 4:00 _____ |
| ☐ | ☐ | 9:00 _____ | ☐ | ☐ | 5:00 _____ |
| ☐ | ☐ | 10:00 _____ | ☐ | ☐ | 6:00 _____ |
| ☐ | ☐ | 11:00 _____ | ☐ | ☐ | 7:00 _____ |
| ☐ | ☐ | 12:00 _____ | ☐ | ☐ | 8:00 _____ |
| ☐ | ☐ | 1:00 _____ | ☐ | ☐ | 9:00 _____ |

5b.個案之活動行程中可預期之活動範疇，包括將發生的事件、
發生的時間、對象，以及期間？

_____

_____

_____

5c.一天之中，個案有多少機會得以選擇其所進行之活動或增強
之事件（例如食物、衣著、同伴或休閒活動等）？

_____

_____

_____

6. 在個案家中、學校或工作場合周圍有哪些人（包括同事、同
學及家庭成員）？個案是否特別不喜歡人多和吵雜的環境？

_____

_____

_____

7. 個案在家中、學校、工作場合或其他環境中所接觸到的是哪
種支持型態（例如，1:1，2:1）？你是否認為協助人員數、
協助人員之訓練，或協助人員與個案之社會互動會影響其危
機行為？

_____

_____

_____

C.界定危機行為出現與否之特定的立即性前因事件

1. 時間：該行為最可能及最不可能發生之時間？

最　可　能：_____

_____

最不可能：_____

_____

2. 地點：該行為最可能及最不可能發生之地點？

最 可 能：_____

_____

最不可能：_____

_____

3. 對象：該行為最可能及最不可能發生之對象？

最 可 能：_____

_____

最不可能：_____

_____

4. 活動：最可能及最不可能促使該行為發生之活動？

最 可 能：_____

_____

最不可能：_____

_____

5. 是否有上述未列出，但有時會「引發」危機行為之特殊或特別狀況或事件，如特殊要求、噪音、光線或衣著？

_____

_____

6. 你做的哪一件事最可能引發不應有之危機行為？

_____

_____

7. 簡短敘述下列情況對該個案之影響……

a. 要求他／她做一件困難的工作。

_____

_____

b. 打斷其所喜歡的活動，如吃冰淇淋或看電視。

_____

_____

c. 無意間變更其日常作息或活動行程。

_____

_____

d. 他／她有想要而得不到的東西（如食物櫃上的食物）。

_____

_____

e. 你不注意他／她，或留他／她獨自一個人一段時間（如十
五分鐘）。

_____

_____

**D.確認哪些行為結果可能使危機行為持續（亦即，在特定情況
下，個案的危機行為帶來的作用）**

1. 以A部分所列出之危機行為，試著確認個案在不同情境中展
現該行為時所獲得之特定後果或結果。

　　　行為　　特定情境　　個案確實獲得的　　個案確實避免的

a. _____

b. _____

c. _____

d. _____

e. _____

f. _____

g. _____

h. _____

i. _____

j. _____

**E.對危機行為的成效作整體考量。其成效是指結合：(A)必須花
費多少努力；(B)該行為行使多少次後獲得回應；以及(C)個案
須等待多久才能獲得回應**

|  | 低成效 |  |  |  | 高成效 |
| --- | --- | --- | --- | --- | --- |
| _____ | 1 | 2 | 3 | 4 | 5 |
| _____ | 1 | 2 | 3 | 4 | 5 |
| _____ | 1 | 2 | 3 | 4 | 5 |
| _____ | 1 | 2 | 3 | 4 | 5 |
| _____ | 1 | 2 | 3 | 4 | 5 |

F.個案已經知道如何進行的功能性替代行為有哪些？

　　1.個案已行使之何種社會認可之合宜行為或技能，可能導致或加強與危機行為相同之結果？

　　　_____

　　　_____

G.個案與他人溝通之基本方式為何？

　　1.個案常用的表達溝通技巧為何？諸如口語表達、姿勢／手勢、溝通板／書籍，或是電子裝置。其使用技巧之一致性？

　　　_____

　　　_____

　　　_____

　　2.下表中，指明個案係以何種方式達到溝通目的：

| 溝通功能 | 複雜之敘述（句子） | 多字的片語 | 只說單字 | 附和回應 | 發出其他聲音 | 複雜的姿勢 | 單一的姿勢 | 指示 | 引導 | 搖頭 | 抓／碰觸 | 給東西 | 增加動作 | 移近你 | 移開或離開 | 凝視 | 面部表情 | 攻擊 | 自我傷害 | 其他 |
|---|---|---|---|---|---|---|---|---|---|---|---|---|---|---|---|---|---|---|---|---|
| 要求注意 | | | | | | | | | | | | | | | | | | | | |
| 要求幫助 | | | | | | | | | | | | | | | | | | | | |
| 要求喜好之食物／事物／活動 | | | | | | | | | | | | | | | | | | | | |
| 要求休息 | | | | | | | | | | | | | | | | | | | | |
| 指出某物或某處 | | | | | | | | | | | | | | | | | | | | |
| 指出生理上的不適(頭痛、生病) | | | | | | | | | | | | | | | | | | | | |
| 顯示困惑或不快樂 | | | | | | | | | | | | | | | | | | | | |
| 抗議或拒絕某情境或活動 | | | | | | | | | | | | | | | | | | | | |

3. 關於個案是否善於接納訊息，或瞭解他人的能力……

    a. 該個案是否遵循口頭之要求或指示？遵循之次數有多少？（如果不多，請將其列出。）

_____

    b. 個案是否對姿勢或手勢之要求或指示有所回應？回應之次數有多少？（如果不多，請將其列出。）

_____

    c. 如果你提供各種工作或活動之示範，個案是否能加以模仿？（如果不多，請將其列出。）

_____

    d. 如果詢問個案是否想要什麼、想去哪裡等等，個案以何種方式表示「是」或「否」？

_____

H. 與個案共事或支持他／她時，你應該做或應該避免的事為何？

    1. 進行一項教導課程或某項活動時，應以何種方式改善個案之狀況？

_____

_____

    2. 應如何避免干擾或打斷對個案進行之教導課程或某項活動？

_____

_____

I. 什麼是個案喜歡並且對他／她有增強作用的事物？

    1. 食物：_____

_____

_____

2. 玩具及物件： _____

_____

_____

3. 居家活動： _____

_____

_____

4. 社區活動／出遊： _____

_____

_____

5. 其他： _____

_____

_____

J. 你對個案之不當行為的瞭解程度有多少？是否曾進行何種計畫以減少或消除這些行為？成效如何？

| | 行為 | 形成危機多久了 | 計畫 | 成效 |
|---|---|---|---|---|
| 1. | | | | |
| 2. | | | | |
| 3. | | | | |
| 4. | | | | |
| 5. | | | | |
| 6. | | | | |
| 7. | | | | |
| 8. | | | | |
| 9. | | | | |
| 10. | | | | |

## K.就每一預測因素及／或結果做一摘要陳述

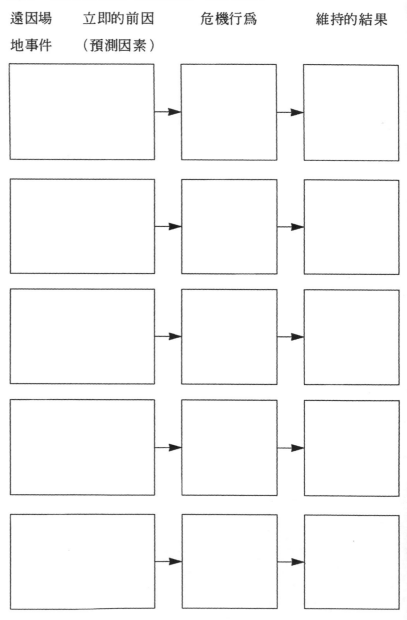

遠因場　　立即的前因　　　危機行為　　　維持的結果
地事件　　（預測因素）

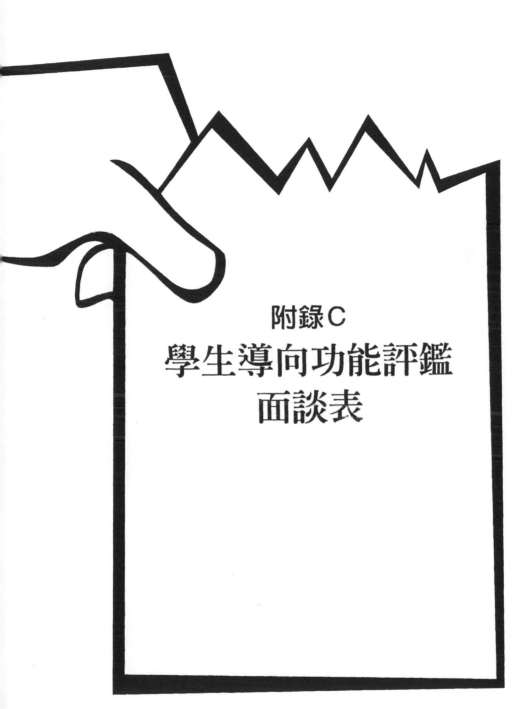

附錄C
學生導向功能評鑑
面談表

## 學生導向功能評鑑面談

學生姓名：＿＿＿＿＿＿＿＿＿＿

轉介老師：＿＿＿＿＿＿＿＿＿＿

面談員：＿＿＿＿＿＿＿＿＿＿

日　期：＿＿＿＿＿＿＿＿＿＿

I. 開場白。「我們今天面談的目的在設法找出改變學校的方法，使你更喜歡它。這次面談大約要進行半小時。如果你誠實地回答，我將儘可能幫助你。我不會詢問你任何會讓你惹上麻煩的問題。」

> 幫助學生界定其在學校或課堂中會產生問題之特定行為。運用建議或重述，幫助學生釐清其觀念。你應有一份由轉介老師提供之行為清單。

II. 界定有關的行為。＊「你的哪種行為會使你惹上麻煩或形成問題？」（提示：遲到？上課說話？上課？打架？）

行為

1.

2.

3.

4.

5.

III. 完成學生行事曆。使用「學生每日行事曆」界定出學生產生危機行為之時間及課堂。將重點置於最容易產生危機行為之時段。

說明

＊進行面談之其他部分時，以左邊之號碼為代號，界定危機行為。

# 學生每日行事曆

請你在發生我們所提及之危機行為之時間及課堂欄內打「×」。如果在某個時段你遭遇許多問題，請在6或接近6的欄內打「×」。如果在課堂或下課時間很少發生問題，請在1或接近1的欄內打「×」。我們可以在正式開始前，先練習一兩個項目。

| | 上學前 | 第一堂 | 下課 | 第二堂 | 下課 | 第三堂 | 下課 | 第四堂 | 午餐 | 第五堂 | 下課 | 第六堂 | 下課 | 第七堂 | 下課 | 第八堂 | 放學後 |
|---|---|---|---|---|---|---|---|---|---|---|---|---|---|---|---|---|---|
| 科目 | | | | | | | | | | | | | | | | | |
| 老師 | | | | | | | | | | | | | | | | | |
| 最困難 6 | | | | | | | | | | | | | | | | | |
| 5 | | | | | | | | | | | | | | | | | |
| 4 | | | | | | | | | | | | | | | | | |
| 3 | | | | | | | | | | | | | | | | | |
| 2 | | | | | | | | | | | | | | | | | |
| 最不困難 1 | | | | | | | | | | | | | | | | | |

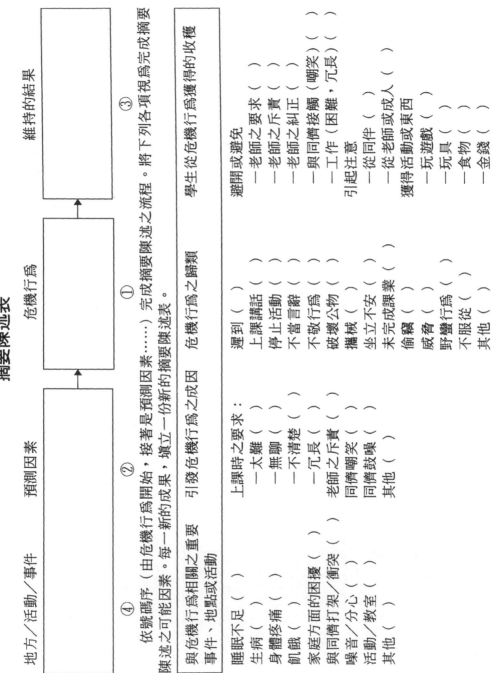

# 摘要陳述表

| 地方／活動／事件 | 預測因素 | 危機行為 | 維持的結果 |
|---|---|---|---|
| ④ | ② | ① | ③ |

依號碼順序（由危機行為開始，接著是預測因素……）完成摘要陳述之流程。將下列各項視為項完成摘要陳述之可能因素。每一新的成果，填立一份新的摘要陳述表。

**與危機行為相關之重要事件、地點或活動**

睡眠不足（　）
生病（　）
身體疼痛（　）
飢餓（　）
家庭方面的困擾（　）
與同儕打架／衝突（　）
噪音／分心（　）
活動／教室（　）
其他（　）

**引發危機行為之成因**

上課時之要求：
太難（　）
無聊（　）
不清楚（　）
冗長（　）
老師之斥責（　）
同儕嘲笑（　）
同儕鼓噪（　）
其他（　）

**危機行為之歸類**

遲到（　）
上課講話（　）
停止活動（　）
不當言辭（　）
不敬行為（　）
破壞公物（　）
攜械（　）
坐立不安（　）
未完成課業（　）
偷竊（　）
威脅（　）
野蠻行為（　）
不服從（　）
其他（　）

**學生從危機行為獲得的收穫**

避開或避免
老師之要求（　）
老師之斥責（　）
老師之糾正（　）
與同儕接觸（嘲笑）（　）
工作（困難，冗長）（　）

引起注意
從同伴（　）
從老師或成人（　）

獲得活動或東西
玩遊戲（　）
玩具（　）
食物（　）
金錢（　）
工作（　）

# 建構支持計畫

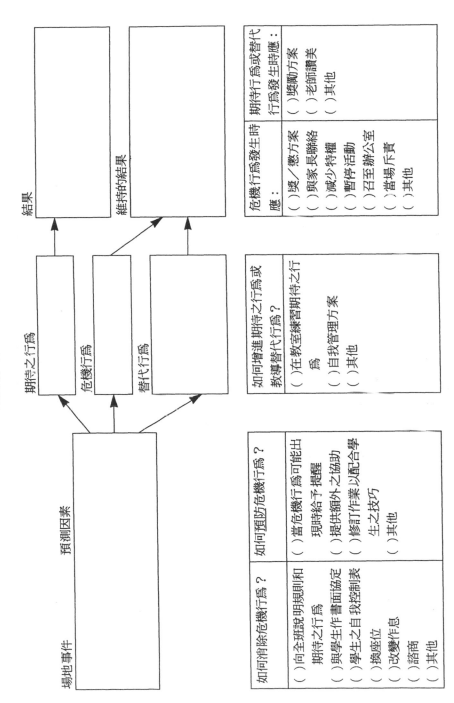

結果

期待之行為

維持的結果

危機行為

替代行為

預測因素

場地事件

**危機行為發生時應：**
( )獎／懲方案
( )與家長聯絡
( )減少特權
( )暫停活動
( )召至辦公室
( )當場斥責
( )其他

**期待行為或替代行為發生時應：**
( )獎勵方案
( )老師讚美
( )其他

**如何增進期待之行為或教導替代行為？**
( )在教室練習期待之行為
( )自我管理方案
( )其他

**如何預防危機行為？**
( )當危機行為可能出現時給予提醒
( )提供額外之協助
( )修訂作業以配合學生之技巧
( )其他

**如何消除危機行為？**
( )向全班說明規則和期待之行為
( )與學生作書面協定
( )學生之自我控制表
( )換座位
( )改變作息
( )諮商
( )其他

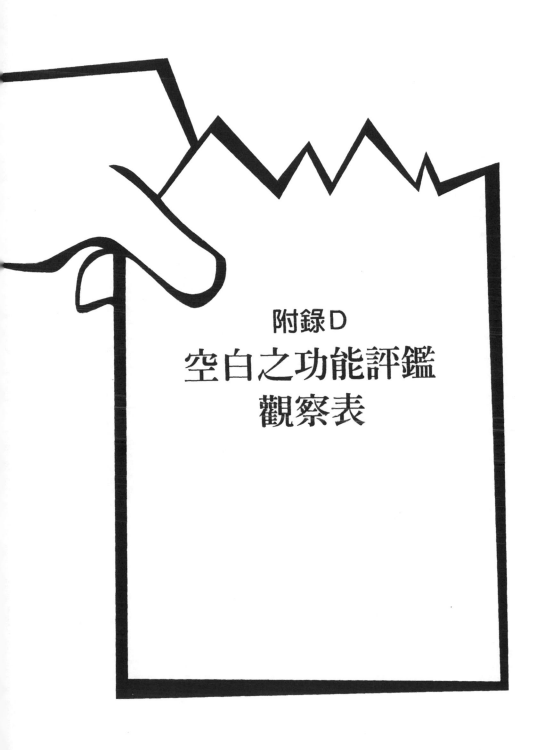

附錄D
空白之功能評鑑
觀察表

# 功能評鑑觀察表

姓名：

開始日期：　　　　結束日期：

| | 行為 | 預測因素 | | | | | 覺知的功能 | | | | | | | 實際的結果 |
|---|---|---|---|---|---|---|---|---|---|---|---|---|---|---|
| 時間 | | 要求\請求 | 困難的工作 | 轉換 | 干擾 | (孤獨自己一人獨處等) | 注意 | 期待的事物\活動 | 自我刺激 | 要求\請求 | 人活動（　） | 其他\不知道 | | 註解事件發生前（如無法任務名） |

事件：1 2 3 4 5 6 7 8 9 10 11 12 13 14 15 16 17 18 19 20 21 22 23 24 25

日期：

總計

附錄 E

Yolanda 之功能評鑑
觀察表

# 功能評鑑觀察表

姓名：Yolanda M.

開始日期：1/30/96　　結束日期：2/1/96

| 時間 | 行為 尖叫/破壞 | 打老師 | 打同伴 | 困難的工作 要求/請求 | 預測因素 轉換 | 干擾(同儕互動)(人) | 單獨(無注意) | 數學課 | 不知道 | 覺知的功能 獲得 注意 | 期待的事物/活動 | 自我刺激 | 逃避/避免 要求/請求 | 活動( ) | 人 | 其他/不知道 | 實際結果 口頭糾正 | 住角落 | 註解 事件發生則(如無任何名) |
|---|---|---|---|---|---|---|---|---|---|---|---|---|---|---|---|---|---|---|---|
| 8:15 自由活動 | 1 5 | | | | | | 1 5 | | 1 5 | | | | | | | 1 5 | 5 | | R.O. |
| 8:45 閱讀 | | 2 | | | | | | 2 | | | | | | | 2 | | 2 | | R.O. |
| 9:45 科學 | | | 3 | | | | | | | | | | | | | | | | R.O. |
| 10:45 數學 | 3 6 9 | | | | 3 6 9 | | | 3 6 9 | | 3 6 9 | | 3 6 9 | | | | 3 6 9 | | | R.O. |
| 11:45 午餐 | | | | | | | 10 | | 10 | | | | | | | 10 | | | |
| 12:30 閱讀故事 | 7 | | | | | | 7 | | 7 | | | | | | | 7 | | | U.T. |
| 1:30 自我運用時間 | 4 8 | | | | | | 4 8 | | 4 8 | | | | | | | 8 | | | 4怨視 U.T. |
| 2:30 藝術 | 11 | | | | | | 11 | | 11 | | | | | | | 11 | | | U.T. |
| 總計 | 6 3 | 2 | 3 | | | | | | | | | | | | | | | | |

事件：1 2 3 4 5 6 7 8 9 10 11 12 13 14 15 16 17 18 19 20 21 22 23 24 25

日期：1/30　　1/31　　2/1

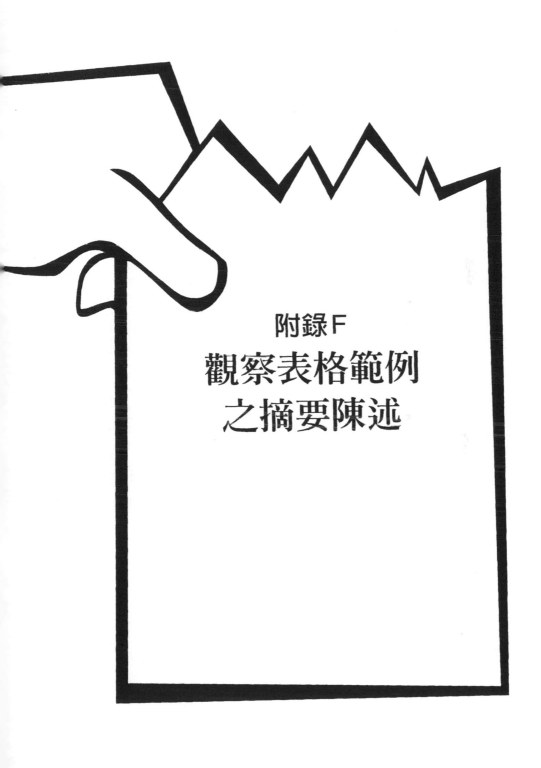

附錄F
觀察表格範例
之摘要陳述

Erin

　　陳述1：如要求 Erin 在工作時做其所不喜歡的事，她會爲了
逃避要求而開始扔東西或破壞東西。


Peter

　　陳述1：要求 Peter 完成其日常作息如刮鬍子等，他會爲了逃
避那些事項而咬手腕，或抓住或推開工作人員。

　　陳述2：如未獲得注意或回應，Peter 會咬手腕或打臉以獲得
注意或回應。


Curtis

　　陳述1：如要求 Curtis 完成困難的數學題，或是其所不喜歡
的數學或閱讀事項，他會爲了逃避而罵髒話及／或丟東西。
（註：功能評鑑觀察表（FAOF）並未提供遠因場地事件。）

　　陳述2：如同伴有 Curtis 所想要之玩具或事物，他會捏擰及
／或抓傷那孩子，以獲得想要之玩具或事物。

　　陳述3：不論是集體活動或其他狀況，如未獲得足夠之注
意，Curtis 會呼喚某位老師及／或拍擊桌面以引起注意。


　　註：由於未觀察到抓手臂之行爲，所以未（依此有限之資料）提供相關之
　　　　陳述。應與老師就此作進一步追踪。

附錄G
空白之相對行爲
模式表

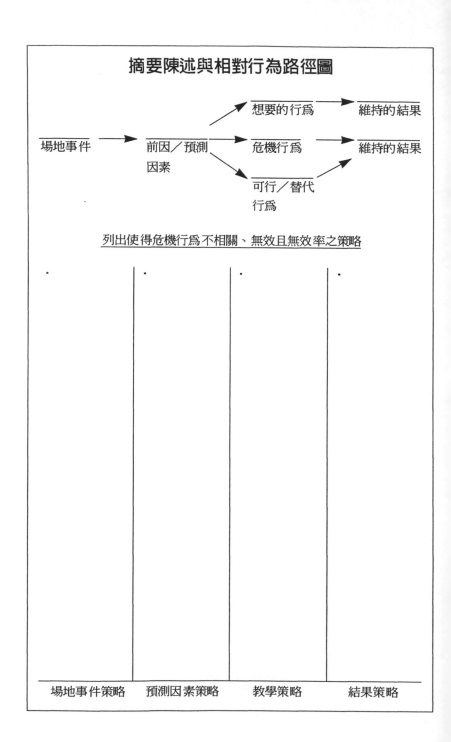

摘要陳述與相對行為路徑圖

想要的行為 → 維持的結果

場地事件 → 前因／預測因素 → 危機行為 → 維持的結果

可行／替代行為

列出使得危機行為不相關、無效且無效率之策略

| 場地事件策略 | 預測因素策略 | 教學策略 | 結果策略 |
|---|---|---|---|

# 危機行為的鑑定與輔導手冊　　　　社工叢書 12

著　　者／Robert E. O'Neill 等

譯　　者／陳斐虹

校　　閱／翁毓秀

出 版 者／揚智文化事業股份有限公司

發 行 人／葉忠賢

執行編輯／晏華璞

登 記 證／局版北市業字第 1117 號

地　　址／台北市新生南路三段 88 號 5 樓之 6

電　　話／(02)2366-0309　2366-0313

傳　　眞／(02)2366-0310

E-mail ／ tn605547@ms6.tisnet.net.tw

網　　址／http://www.ycrc.com.tw

郵撥帳號／14534976

戶　　名／揚智文化事業股份有限公司

印　　刷／偉勵彩色印刷股份有限公司

法律顧問／北辰著作權事務所　蕭雄淋律師

初版一刷／2001 年 4 月

定　　價／新台幣 200 元

Ｉ Ｓ Ｂ Ｎ ／957-818-249-X

原著書名／Functional Assessment and Program Development for
　　　　　　Problem Behavior: A Practical Handbook

Copyright © 1997 by International Thomson Publishing Inc.

Chinese Copyright © 2001 by Yang-Chih Book Co., Ltd.

for sale in worldwide

國家圖書館出版品預行編目資料

危機行為的鑑定與輔導手冊 / Robert E. O'Neil 等
著；陳斐虹譯. -- 初版. -- 台北市：揚智文化，
2001[民90]
　　面；　公分. --（社工叢書；12）
譯自：Functional assessment and program
development for problem behavior: a practical
handbook
　　ISBN　957-818-249-X（平裝）


1.問題行為 - 鑑定　2.行為改變術

178.3　　　　　　　　　　　　　　　90001138